W0188120

K.

Jan Weiler

DAS PUBERTIER

Illustriert
von Till Hafenbrak

Kindler

Die Geschichten in diesem Band
erschienen zuerst als Kolumnen unter
dem Titel «Mein Leben als Mensch»
in der *Welt am Sonntag*.

10. Auflage Juli 2014
Copyright © 2014 by Rowohlt Verlag GmbH,
Reinbek bei Hamburg
Einbandgestaltung any.way, Barbara Hanke/
Cordula Schmidt
Einband- und Innenillustrationen © Till Hafenbrak
Alle deutschen Rechte vorbehalten
Satz Arno Pro, InDesign
Gesamtherstellung CPI books GmbH, Leck
Printed in Germany
ISBN 978 3 463 40655 8

DAS PUBERTIER

VOR DEM STURM

Bevor diese ganze Sache bei uns anfing, hatte ich eigentlich ganz romantische Vorstellungen von der Pubertät unserer Tochter Carla. Ich dachte daran, dass sie womöglich mal Alkohol trinken und Zigaretten ausprobieren und dass ich das auch irgendwie okay finden würde. Ich stellte mir vor, dass ich mit ihr schöne und inspirierende Diskussionen erleben und ihr sozusagen beim Erwachsenwerden zuschauen könnte. Ich wünschte mir diese Phase in Carlas Leben als gemeinsames Abenteuer, bei dem man zusammen auf Konzerte geht. Schließlich waren wir ja auch jung. Irgendwie sind ja alle jung.

Doch dann waren meine reizende Gattin Sara und ich bei Freunden eingeladen. Zum Essen. Irgendwann mittendrin flog die Tür auf, und eine verpickelte Silvesterrakete flog grußlos durch den Raum. Ich erkannte darin Emilia, ihre Tochter – ein Geschöpf, das wenige Jahre vorher noch auf meinem Schoß gesessen und mir alles Wissenswerte über Polly Pocket und Hannah Montana nahegebracht hatte. Und nun das.

Emilia gab mir auf Anordnung ihres Vaters missgelaunt ihre schlaffe Pfote und meckerte kurz über die stinkenden Blumenleichen, die wir in der Annahme, es handele sich um einen hübschen Strauß, mitgebracht hatten. Dann fragte sie, ob sie was vom Dessert haben könne, und verschwand in der Küche. Schließlich tauchte sie wieder auf, um zu fragen, wer ihr blaues Sweatshirt habe. Ich hob spaßeshalber die Hand, wurde mit Nichtbeachtung bestraft, und es folgte ein ungnädiger Schwall von Vorwürfen an ihre Mutter. Am Ende verabschiedete sich Emilia Richtung Party von irgendeinem Paul und ging linksseitig ab, wenn auch ohne Szenenapplaus.

Den Rest des Abends verbrachten wir damit, die Klagen und Selbstvorwürfe unserer Freunde entgegenzunehmen. Ich lernte: Kinder, die du als liebenswürdige Geschöpfe voller Anmut und Charme in Erinnerung hattest, verwandeln sich innerhalb kurzer Zeit in stinkende Monster (Jungs) oder hysterische Amazonen (Mädchen). Wenn die Familie viel Glück hat, verlassen die Jugendlichen diese *danger zone* der Eiterpickel und befleckten Unterwäsche als lebenstüchtige Erwachsene. Einige jedoch verbleiben für immer im Schattenreich der Adoleszenz, machen aber dennoch manchmal Karriere.

Zurück zu unseren armen Freunden, die immer sehr auf ein partnerschaftliches Verhältnis zu ihren Kindern gebaut hatten: Die Gespräche, eigentlich sind es Gebrülle, haben bei ihnen herrliche Themen wie Hygiene, Drogen, Umgangsformen, Ernährung und Faulheit. Ich bestand darauf, dass ich auch in Zukunft niemals Sätze sagen würde wie: «Ich kann nicht ertragen, wie du deine Zeit sinnlos verplemperst.» Oder: «Räum endlich diesen Saustall auf.» Ich fand, dass beide Angelegenheiten in das Selbstbestimmungsrecht der Kinder fallen und die Eltern nichts angehen. Mein Freund lachte bitter und goss sich einen Absinth ein.

Auf dem Heimweg schwiegen wir. Ich stellte mir den Besuch von Carlas erstem Freund vor und wie ich ihm die Haustür öffnen würde. Eine Mischung aus Thor, dem Hammergott, und Catweazle steht vor mir und fragt, ob Carla zu Hause ist. Ich sage: «Aha, Kamerad, erst geht es mal zum Eignungstest.» Dieser beinhaltet Fragen nach dem Beruf des Vaters, dessen politischen Präferenzen und der

9

Marke seines Autos. Aus seinen Angaben lässt sich schon allerhand ableiten, für den Fall einer zu planenden Hochzeit beispielsweise. Außerdem will ich wissen, woher dieser junge Mann (ich werde ihn monatelang in Carlas Beisein immer nur «diesen jungen Mann» nennen) meine Tochter kennt, ob er ein Instrument spielt, «In der Halle des Bergkönigs» kitschig findet und was er von meiner Tochter will. Wenn er «In der Halle des Bergkönigs» für ein Kapitel aus «Der Herr der Ringe» hält und von meiner Tochter «gar nix» will, kann er gleich wieder abzittern. Wenn er auf die letzte Frage antwortet, er wolle «fummeln», halte ich ihm einen dreißigminütigen Vortrag darüber, wie das in den achtziger Jahren war. Und wenn er dann immer noch nicht abhaut, darf er mit meiner Tochter ins Kino. Ich rufe während des Films acht Mal an, um zu fragen, ob sie noch dort sind. So stellte ich mir das vor.

Aber wie alles im Leben kam es völlig anders.

IM PUBERTIER-BIOTOP

Nur der im Tierreich fehlenden Schulpflicht ist es zu verdanken, dass der Koalabär als faulstes Lebewesen der Welt gilt. Er hängt täglich zwanzig Stunden rum. Das würde unsere Tochter locker toppen, aber sie muss zwischendurch in die Schule.

Ihr aktuelles Idol heißt William Gaines. Das war der Herausgeber des Magazins «Mad». Von Gaines wird erzählt, er habe sich jahrelang in einem Rollstuhl herumschieben lassen, und zwar nicht, weil er gebrechlich gewesen sei, sondern aus reiner Faulheit. Das entspricht genau Carlas Vorstellung von einem perfekten irdischen Dasein. Unser Pubertier kann nicht aufräumen, weil es keinen Bock auf den Stress hat. Sie kann nicht ans Telefon gehen, weil sie das Klingeln unter Leistungsdruck setzt. Sie hätte gerne Salz in der Sauce, akzeptiert diese aber auch ungesalzen, wenn sie das Salz selbst holen muss. Sie ist fauler als ein sardischer Esel im August um die Mittagszeit.

Heute Morgen steht sie abmarschbereit im Flur. Ich sage, dass es klug sei, eine Jacke anzuziehen. Antwort: «Meine Jacke ist oben, und bis ich die geholt habe, ist der Schultag vorbei.» Wir wohnen keineswegs im Parlamentspalast von Bukarest (umbaute Fläche: 365 000 Quadratmeter). Man kann eine Jacke holen und innerhalb einer halben Minute zurück sein. Dies allerdings nur, wenn man sich beim Gehen bewegt. Und Pubertiere bewegen sich nicht, jedenfalls nicht sichtbar.

Carla ist sehr gut im Chillen, Relaxen, Entspannen, Ausruhen, Runterkommen, Zeittotschlagen und einfach mal nix machen. Es handelt sich dabei übrigens nicht um dieselbe Tätigkeit in sieben Varianten, sondern laut Carla um unterschiedliche Verrichtungen, für die mein Verständnis jedoch allmählich schwindet. Carla ist aber der Meinung, dass nicht sie, sondern ich nicht ganz normal sei. Vielleicht hat sie recht. Ich werde mit zunehmendem Alter immer tüchtiger. Eigentlich schrecklich, denn ich kann mich durchaus an Gespräche mit meinen eigenen Eltern erinnern, in denen diese mir «sinnlose Faulheit», «mangelndes Interesse» und «pflanzenartiges Herumlungern» vorwarfen. Ich nahm dies 1980 müde zur Kenntnis und kochte mir einen Tee, um runterzukommen. Ich war mindestens so schlimm wie Carla. Aber das würde ich ihr gegenüber nie zugeben.

Natürlich weiß ich, dass das alles wieder mit den Hormonen und diesem ganzen Entwicklungsterror zu tun hat. Aber es ist momentan kaum vorstellbar, dass sich aus unserer lethargischen Amphibie eines Tages eine engagierte und flinke Person pellen soll, die der Gesellschaft zum Nutzen und der eigenen Natur zum Trotz Dinge anfängt und zu Ende führt.

Neulich teilte sie mit, sie könne kein Ei kochen, da sie nicht wisse, wann man es ins Wasser gebe. Ich sagte ihr, man könne es sowohl ins kalte als auch ins kochende Wasser legen. Nach einer Viertelstunde kam sie zurück und fragte, wann denn so 'n Wasser koche. Ich sah nach und stellte dann erst einmal den Herd an. Ich dachte eigentlich, wir wären schon mal weiter gewesen. Ein befreundeter Arzt klärte mich dann darüber auf, dass es sich um ein Paradebeispiel nicht miteinander verknüpfter Synapsen handele. Alles völlig normal.

Gestern wollte ich gerade ins Bett, als mich ein schwaches Stimmchen aufhielt. Es rief mich. Flehentlich. Ich ging also ins Zimmer meiner Tochter, die im Bett lag und mich mit einem Blick ansah, gegen den sich Bambis Gesichtsausdruck wie der eines Taliban-Anführers ausnahm. Ob ich ihr mal eben die Tasse von ihrem Schreibtisch reichen könne. Sie hatte tatsächlich darauf gewartet, bis jemand an ihrem Zimmer vorbeiging, nur um nicht selbst aufstehen zu müssen. Ich sagte, dass es wohl bei ihr piepe. Sie erwiderte, sie leide am Asperger-Syndrom und sei nicht dazu in der Lage, einfachste Verrichtungen zu erledigen. Ich erklärte ihr, dass sie höchstens unter dem Gaines-Syndrom leide, und erzählte ihr die Sache mit dem Rollstuhl des «Mad»-Herausgebers. Sie antwortete: «Das ist ja sehr interessant. Aber wenn du schon in meinem Zimmer rumstehst, kannst du mir auch die Tasse vom Schreibtisch geben.» Ich war so verdutzt, dass ich es tat. Darauf sie: «Na also. Geht doch.»

Manchmal fühle ich mich meiner Tochter nicht gewachsen.

DIE TEE-NAGERIN

Manchmal ärgere ich unsere Tochter. Ich weiß schon, das ist nicht nett und führt mittelfristig zu Konflikten. Aber es macht nun einmal Spaß, ein Pubertier zu reizen. Sie gehen steil in die Luft und explodieren in den schönsten Farben.

Zum Beispiel fragte ich sie während der Lektüre des letzten Bandes von Harry Potter bis zu zehn Mal am Tag, ob denn der böse «Lord Waldemar» schon tot sei. «Der heißt Voldemort, Voldemort, Voldemort», kreischte sie irgendwann. Gemein? Vielleicht.

Oder ich nerve sie mit einem Scherz über den hübschen amerikanischen Sänger Bruno Mars. Es gab eine Zeit, da hing ihr ganzes Zimmer mit Postern von ihm voll. Das war, nachdem der blöde Vampir ausgezogen war. Die jungen Männer kommen und gehen, wenn auch nur zweidimensional und an der Wand. Egal. Ich fand diesen Bruno nicht mal so übel, trotzdem musste er ständig für Scherze herhalten. Zum Beispiel für den hier: «Warum heißt Bruno Mars nicht Bruno Snickers? Weil er keine Nüsse hat!» Carla fand das schon beim ersten Mal nicht lustig. Eigentlich mache ich solche Scherze nur, weil ich ihre Reaktion unglaublich cool finde. Sie stellt sich dann vor mich und sagt todernst: «Ja. Papa. Der war's jetzt. Ich schmeiß mich weg.»

Aber sie ärgert mich auch zurück. Als ich mich vor einiger Zeit weigerte, mit ihr im Auto nach Stuttgart zu fahren, um dort gegen den Bahnhof zu demonstrieren, schleuderte sie mir verächtlich entgegen, ich sei eben so eine richtige «Revolutionsbremse». Das ist ein starkes Stück für jemanden, der mit dreizehn Jahren durchaus schon zu Demos ging, auch wenn er die thematischen Zusammenhänge nicht genau verstand.

Neulich musste ich mit ihr Klamotten aussortieren. Und zwar nicht ihre, sondern meine. Sie identifizierte drei Hemden, mit denen ich aussähe wie ein Honk, sowie eine untragbare Hose. «Bitte hol mich nie in diesem Ding von der Schule ab», bat sie mich angewidert. Aber wenn wir uns nicht ärgern, vertragen wir uns eigentlich ganz gut, Carla und ich.

Und kaum, dass sie auf der Welt war, feierte sie auch schon ihren dreizehnten Geburtstag. Eine einschneidende Angelegenheit, denn damit war sie – täterätäää – ein Teenager. Freudig erregt entwarf ich morgens ein kleines Bilderrätsel. Ich malte einen Teebeutel plus eine Maus auf ein Blatt Papier und schrieb darüber: «Hallo.» Das hängte ich an den Spiegel im Badezimmer. Sie erschien mit der Zeichnung am Frühstückstisch und fragte, was das nun wieder solle. Wahrscheinlich vermutete sie eine unbotmäßige Schmähung ihrer Person. Ich erklärte ihr, das sei ein Rebus, aber sie kam nicht darauf. «Jetzt guck doch mal. Das hier ist Tee, und das ist ein Nager. Ein Tee-Nager», sagte ich. «Aha», antwortete sie mäßig begeistert. «Und warum malst du dann bitte schön eine Fliegenklatsche und ein Schwein?» Ich war augenblicklich beleidigt, auch wenn ich eingestehen muss, dass bei mir alle Tiere aussehen wie Schweine. Außer ich male Vögel. Die sehen aus wie Hühner.

Nach dem Frühstück verkündete Carla, sie habe zehn Freunde aus der Schule für den Nachmittag zu sich eingeladen. «Zum Kindergeburtstag?», frohlockte ich. «Nein, zum Chillen», sagte sie. Dann übergab sie mir eine Einkaufsliste und erklärte, dass die meisten bei uns übernachten würden, mindestens drei Jungs und mindestens vier Mädchen. Sie brächten Schlafsäcke mit, und man werde es sich in ihrem Zimmer gemütlich machen. In Anbetracht der Größe des Raumes nahm ich an, dass es dort sehr, sehr gemütlich werden würde. Alles eine Frage der Einstellung. Ich fragte, ob Lord Waldemar auch eingeladen sei, und bekam ein Brötchen an den Kopf.

Dann ging ich zum Einkaufen. Ich besorgte alles, was auf ihrem Zettel stand, nur nicht die Alcopops, aber ich nehme an, damit wollte Carla lediglich den Verblödungsgrad ihrer Revolutionsbremse testen. Als ich zurückkam, stand sie dann in der Küche und rührte in einem großen Topf. Chili con Carne. «Anstatt Kuchen?», fragte ich arglos, und sie erklärte mir, dass es sich dabei um die Mitternachtssuppe handele. Sie hielt uns dann einen längeren Vortrag darüber, dass unsere Anwesenheit in ihrem Zimmer unerwünscht sei, egal, was für Geräusche aus ihm drängen. Und dass wir uns ein einziges Mal benehmen sollten wie richtig coole Eltern. Wir nickten eingeschüchtert, dann klingelte es auch schon an der Tür. Die ersten Gäste kamen.

19

Sie hatten Schlafsäcke dabei und waren auf die Nacht ungefähr so gut vorbereitet wie Reinhold Messner auf die Besteigung des Nanga Parbat, auch wenn ihr Proviant wenig höhentauglich erschien. Chipstüten platzen im Hochgebirge. Dieser wichtige Hinweis wurde von den jungen Menschen achselzuckend hingenommen, bevor sie mit ihrem Krempel die Treppe zu unserer Tochter emporstiegen.

Dort spielte sich wenig Aufregendes ab, soweit man das durch eine geschlossene Zimmertür beurteilen konnte. Carla hatte die komplette TV-Serie «Glee» besorgt, die man sich auf ihrem Laptop ansah. Für einen Moment dachte ich: Wie langweilig. Wie spießig. So überhaupt null kriminelle oder wenigstens hormonelle Energie. Dann wurde mir augenblicklich klar, dass es sich ja um den dreizehnten und nicht um den sechzehnten Geburtstag handelte, und ich hielt mich mit meiner Kritik am Festprogramm zurück.

Später waren gedämpftes Gemurmel und Gekicher und Möbelgerücke zu hören. Zwischendurch klingelte es immer mal wieder, Neuankömmlinge wurden wie Kriegsheimkehrer gefeiert, von Zeit zu Zeit trippelte wer ins Bad. Gegen Abend lockte ich die Meute (per Telefon!) in die Küche, wo ich Pizza servierte, was als ausgesprochen cool bewertet wurde und mir den anerkennenden Blick meiner Tochter eintrug. Die Damen und Herren blieben immerhin fast eine Stunde am Tisch, um dann ins Basislager zurückzukehren und dort pointenlos rumzuhocken.

Sara und ich saßen genau darunter im Wohnzimmer und schauten an die Decke.

«Sie könnten ja ein bisschen tanzen», sagte Sara.

«Ja. Oder heimlich rauchen», sagte ich.

«Oder zanken», sagte Sara.

Und dann geschah es. Ein Eklat. Endlich! Leben! Wir hörten Türenschlagen und Getrampel, dann wieder Türenschlagen und ein Schloss. Jemand hatte sich im Klo eingesperrt. Ich ging mal gucken. Vor dem Bad standen vier Gäste und unser Pubertier. Auf meine Frage, wer dadrin sei, erklärte Carla, das sei Jenny und der gehe es nicht so gut. Jenny ist ein sehr korpulentes Mädchen. Hübsches Gesicht, aber doch ziemlich kräftig.

Jenny hielt es eine Dreiviertelstunde im Klo aus, was sicher auch an den großartigen uralten Comicheften liegt, die ich dort deponiert habe.

Als sie endlich den Schlüssel umdrehte und mit tränenverschmiertem Gesicht auftauchte, waren sämtliche Pubertiere zur Stelle, um sie abzufangen und zu umsorgen. Nur Moritz nicht, der saß auf der Treppe und guckte wie Philipp Rösler nach der Bundestagswahl.

Später habe ich durch investigative Recherche (Facebook) rausgefunden, was sich abgespielt hatte. Es war nämlich so, dass Carla gesagt hat: «Jenny und ich sind wirklich so richtig dicke Freundinnen.» Und darauf hat Moritz fröhlich gerufen: «Na ja, mehr oder weniger.» Und da ist Jenny aus dem Zimmer gestürzt. Die anderen haben sich den Moritz vorgeknöpft, weil das von ihm echt endfies war, die Jenny so krass vor den anderen zu dissen.

Hat sich dann aber auch alles wieder eingerenkt. Über Nacht haben wir nicht viel gehört, außer als Simon sich übergeben hat. Zu viel von allem, man kennt das ja. Aber sie haben gemeinsam saubergemacht. Am nächsten Morgen bereitete ich das Frühstück für Carla und ihre Gang vor, und diese erschien schluckweise. Man gab sich schweigsam. Auf meine Frage, wie lange man getagt habe, hieß es, dass es die Letzten bis sieben Uhr morgens ausgehalten hätten. Man selbst erinnert sich an solche

Exzesse, kann sie aber nicht mehr verstehen. Ich persönlich schlafe ja höchst gerne.

Ich fragte in die Runde, wer denn jetzt alles einen schönen Kakao haben wolle, und Moritz fragte zurück, ob auch ein Latte macchiato gehe. Dem schlossen sich alle an. Und mein winzig kleiner Coolheitskredit war quasi nolens volens wieder weg.

IM PUBERTIERLABOR 1:
WECKDIENST

Im Rahmen meiner privaten Langzeitstudie über das Sozialverhalten des gemeinen Pubertiers lesen Sie heute Forschungsergebnisse zum Themenkreis: «Wie man eine Vierzehnjährige weckt». Die entsprechende Testreihe läuft bereits seit langem, und ich verfüge über vielfältige Erkenntnisse. Hier die Aufzeichnung vom vergangenen Donnerstag:

Die Probandin wird wie stets vom Versuchsleiter persönlich um Punkt sieben Uhr geweckt. Um diese Zeit wuseln achtzig Prozent der Deutschen bereits durch Badezimmer, Küchen und U-Bahnhöfe. Die restlichen zwanzig Prozent haben entweder keinen Grund zum Aufstehen. Oder sie können nicht. Oder sie befinden sich in der Pubertät.

Der Versuchsleiter probiert es in einer ersten Weckmaßnahme mit der deutlichen Aufhellung des Labors durch Einschalten der Generalbeleuchtung. Das Pubertier reagiert darauf nicht, denn es befindet sich zu zweiundneunzig Prozent unter der

Bettdecke. Der Versuchsleiter geht nun auf das Bett zu und stolpert dabei über ein Handy-Ladekabel. Er fängt sich gerade noch, landet mit der linken Hand jedoch in etwas, das entweder ein Schwamm mit Hautcreme ist oder ein sehr altes Stück Käsekuchen. Der angeekelte Versuchsleiter entscheidet unter diesen Umständen, nicht bis zum Bett vorzudringen. Stattdessen ruft er in munterer Intonierung: «Sieben Uhr, die Sonne lacht, jetzt wird aber aufgewacht.» Für diesen allmorgendlichen Satz wird er später zur Strafe nicht im Altenheim besucht. Das hat er davon. Der Versuchsleiter kocht Kaffee und macht sich Notizen zum bisherigen Testverlauf.

Da der erste Weckversuch offenbar gescheitert ist, betritt er im Dienste der Wissenschaft um 7:08 Uhr abermals die Versuchsanordnung. Das Pubertier schläft tief und fest. Nachdem er sich den Weg durch Wäsche, Magazine, Schulkrempel sowie Klamotten und Anziehsachen freigewühlt hat, setzt sich der Versuchsleiter auf den Bettrand und kitzelt das Pubertier am Ohr. Das kann gefährlich sein und wird bisweilen mit Grunzen beantwortet, an anderen Tagen auch mit Beschimpfungen oder ungezielten Schlägen.

Das abendliche Ernährungsverhalten des Pubertiers muss dringend überprüft werden, um Ursachen für den unterschiedlichen Grad der morgendlichen Unwirschheit bestimmen zu können. Schnipsen gegen die Nase, Finger ins Ohr stecken und an den Füßen kitzeln wird wie immer negativ beurteilt und als Weckmethode vom Pubertier grundsätzlich abgelehnt. Danach ergeht die nochmalige Aufforderung des Versuchsleiters, jetzt aber wirklich endlich dem Tag eine Chance zu geben.

Um 7:14 Uhr erfolgt der dritte Weckversuch mittels Kraulung im Nackenbereich. Dies hat jedoch lediglich wohliges Gurren zur Folge und schlägt ebenso fehl wie mündliche Drohungen um 7:18 Uhr.

Die Ankündigung, das Aufstehen mit kaltem Wasser zu erzwingen, wird von der Probandin frech nachgeäfft. Der Versuchsleiter benetzt daher um 7:21 Uhr einen Waschlappen mit kaltem Wasser, den er ins Labor trägt und über dem Pubertier auswringt. Es kommt zwölf tausendstel Sekunden später zu einer überraschenden und geradezu explosionsartigen Aktivität der Probandin, die in einer einzigen Bewegung die Decke zurückschlägt, aufspringt und mit ihrem Kissen nach dem Wissenschaftler schlägt. Dieser weicht zurück und stolpert abermals über das dämliche Ladekabel. Das Pubertier schießt meckernd an ihm vorbei und verschwindet im Badezimmer. Der Versuchsleiter notiert: Das Pubertier hat offene Augen und verbreitet schlechte Laune. Es ist wach.

Gegen 7:29 Uhr ruft der Versuchsleiter nach dem Pubertier und teilt diesem mit, dass das Frühstück auf dem Tisch stehe. Er erwarte das Erscheinen des Pubertiers innerhalb einer Minute, zumal dann auch bald der Bus fahre.

Um 7:33 Uhr erscheint der Versuchsleiter abgenervt im Labor. Das Pubertier hat sich noch mal kurz hingelegt. Der Versuchsleiter bricht den Versuch an dieser Stelle ab, reißt die Bettdecke weg und sagt Dinge, die nicht mit der Würde eines wissenschaftlichen Mandates zu vereinbaren sind. Anschließend steht das bereits angekleidete Pubertier auf und verlässt unter Verwünschungen das Haus.

Komischerweise hat es noch nie den Bus verpasst. Der Versuchsleiter plant zu diesem für ihn unerklärlichen Phänomen eine weitere Forschungsreihe.

MORITZ UNTER DRUCK

Wir spürten deutlich, dass ein kultureller Paradigmenwechsel aufzog, als eines Tages die Pferdebilder weg waren. Das ist ein sehr wichtiger Moment im Leben eines Mädchens, denn bis dahin gehört die weibliche Libido ziemlich uneingeschränkt diesen riesigen Tieren, die mit ihrem Schwanz Fliegen verscheuchen und sehr eindrucksvolle Geräusche machen, wenn man sich ihnen mit einer Möhre nähert.

Die Vorstellung, auf einem Araberhengst über Weidezäune zu hopsen und in den Sonnenuntergang zu reiten, verblasste allerdings, und schließlich wurde Wendy durch Edward ersetzt, einen mehlgesichtigen und durchaus irgendwie pferdigen Untoten aus der Twilight-Saga. Und der zierte nicht nur Carlas Wände, sondern auch ihren Bildschirmschoner. Dieser zeigte einen Grabstein mit dem Konterfei des leidenschaftlichen Vampirs Edward Cullen, der sich zur Freude aller Mädchen lediglich von Tierblut ernährte und von dem daher keinerlei Gefahr ausging – außer für die Ponys der in ihn verliebten Mädchen.

Aber nicht nur zweidimensionale Posterboys, auch richtige, echte, lebende Jungen spielten irgendwann eine zunehmend bedeutende Rolle bei uns zu Hause. Leider wurde mir aber zunächst nie jemand vorgestellt, den ich hätte mit peinlichen Fragen grillen können, wohl auch, weil es zu nichts anderem kam als zu Telefonaten. Und da wäre es ja doch seltsam, wenn Carla gesagt hätte: «Du, ich gebe dir mal ganz kurz meinen Papa, damit der fragen kann, welche Partei dein Vater wählt, ja?»

Natürlich machten mich die kichernden Gespräche meiner Tochter mit einem Jungen wahnsinnig neugierig. Also schnürte ich vollkommen unauffällig um sie herum, doch Carla versteht es, in Mikrolautstärke zu kommunizieren. Man müsste schon Ohren haben wie eine Fledermaus, um in den Genuss von Einzelheiten zu kommen. Aber was mir an den Ohren fehlt, gleicht mein Spürsinn aus. Ich kann mich in eine mobile amerikanische Abhörstation verwandeln, wenn es der Aufklärung dient.

Sie werden nun empört einwenden, dass mich

das Privatleben meiner Tochter nichts angeht, aber damit liegen Sie nur teilweise richtig. Schließlich könnte ostentatives Desinteresse von Seiten des Vaters später einmal zu herben Vorwürfen und hohen Therapiekosten führen. Diese wollte ich meiner Tochter ersparen und informierte mich deswegen ständig über den aktuellen Status ihres Reifungsprozesses. Dabei half und hilft mir die regelmäßige Lektüre der gängigen Fachpresse.

Ich stand also in der Küche und blätterte die «Bravo» unserer Tochter durch. Ganz schön fad. Alles voll mit Justin Bieber und Rihanna. Wenn meine Jugend auch so öde gewesen wäre, wäre ich wahrscheinlich heute cracksüchtig. Wie Max Wright. Das ist der Schauspieler, der damals den spießigen Willie Tanner in der TV-Serie «Alf» gespielt hat. Im Internet existieren Fotos von ihm, auf denen er Crack raucht und es mit wilden Burschen treibt. Das hat man davon, wenn man früher zu brav war.

Nachdem ich alles gelesen hatte, was man wissen muss, um mithalten zu können – Kristen hat eine neue Haarfarbe, Stephenie leidet am Vampir-Burnout, Nick datet Musical-Kolleginnen –, legte ich das Heft beiseite, um Carla zu suchen. Sie saß im Wohnzimmer und telefonierte mit Moritz, bemerkte mich aber nicht. So kam ich in den Genuss folgender Sentenz: «Mein Vater ist auch manchmal so endpeinlich.» Soso. Halt! Vater? Das bin ja ich! Frechheit. Ich hörte weiter zu und wurde Zeuge einer Beziehungsdiskussion.

Moritz steht offenbar bei unserer Tochter unter Druck. Sie bemeckerte ihn jedenfalls ausführlich, weil er etwas Fürchterliches getan hat. Er hat, während sie ihm etwas erzählt hat, gegähnt.

In diesem Zusammenhang habe ich kürzlich in der Zeitung einen wunderschönen Namen gelesen: Ponniah Thirumalaikolundusubramanian. Es handelt sich bei Herrn Thirumalaikolundusubramanian um einen indischen Internisten, der sich mit neuen Erkenntnissen zum Thema Gähnen hervorgetan hat, wobei die Länge seines Nachnamens keine Rolle spielte, sondern vielmehr seine Beobachtung, dass das Gähnen offenbar von primitiven Hirnregionen gesteuert wird. Affen gähnen, Hunde gähnen, Fische wohl eher nicht. Ich gähne auch, allerdings achtet mein Gehirn sehr sorgfältig darauf, dass ich nicht zur Unzeit und vor allem geräuschlos gähne. Von primitiv kann bei mir also keine Rede sein. Ich bin ein überaus unprimitiver

Gähner, und ich bemühe mich sehr, niemals zu gähnen, wenn meine Frau etwas erzählt. Da könnte sich Moritz mal eine Scheibe von abschneiden: Niemals gähnen, wenn Frauen reden.

Carla beendete das Telefonat und entdeckte mich hinter der Tür. Und ich, ertappt und daher geistig schwerfällig, wollte ihr Mut zusprechen in schlimmer Zeit und verwendete dafür frisch aus der «Bravo» entlehnte Vokabeln. Ich fragte: «Na? Endkrasser Boy-Alarm?» Sie haute mir ein Kissen auf den Kopf und sagte etwas, was so ähnlich klang wie: «Papa. Schrecklich. Bitte sag so was nie wieder, das ist ja ekelhaft.»

Die Sache hat sich dann Tage später wieder eingerenkt, und Moritz lud Carla ins Kino ein, was ich sehr klug finde, denn da sieht man nicht so genau, wenn jemand gähnt. Auch diese Wende im Liebesleben meiner Tochter hatte ich im Rahmen einer investigativen Recherche in Erfahrung gebracht, indem ich mir sechs Minuten lang die Schuhe zuband, während sie mit Moritz im Nebenraum telefonierte. Jedenfalls durfte ich das mit dem Kino gar nicht wissen. Ich musste also sehr diplomatisch damit umgehen. Andererseits platzte ich vor Neugier.

Beim Abendessen schnitt ich das Thema so vorsichtig an wie Barack Obama die Menschenrechtsverletzungen in China, indem ich fragte: «Du, Carla, der Moritz und du, seid ihr jetzt wieder zusammen?» Sie nahm einen Schluck Apfelschorle, legte den Kopf schief und sagte: «Privatsache.» Ich ließ eine Minute verstreichen. «Sag mal, wird da auch schon geküsst?» Sie reagierte empört: «Papa!» Das ist natürlich eine kluge Antwort, denn sie kann bedeuten: «Natürlich, du Depp!» Sie kann aber genauso gut bedeuten: «Natürlich nicht, du Depp.» Also fragte ich weiter: «Mit Zunge?» Und darauf sie: «Papa, Mensch. Wir sind doch keine Perverslinge!»

Und ich dachte: Alles gut, kein Grund zur Panik.

COOLE KIDS KRIEGEN
KAHNS KIEFER

Wer fährt so spät noch durch Nacht und Wind? Ich bin's, mit der Spange von meinem Kind. Seit einiger Zeit bin ich regelmäßig abends mit dem Auto unterwegs, um meiner Tochter die Zahnspange zu bringen, wenn sie woanders übernachtet. Ich bin ein Spangenbote, ein Knecht des Kieferorthopäden, ein Dentalbüttel. Carla vergisst gerne, ihre Spange vor dem Insbettgehen einzusetzen, und ganz besonders gerne vergisst sie das, wenn sie nicht zu Hause übernachtet. Wie eben an jenem Freitag, als Carla beschlossen hatte, bei Moritz zu übernachten. Es gab da noch nichts, was man unbedingt kontrollieren musste, abgesehen von der Zahnspange.

Carla soll sie nachts tragen, ungefähr seit einem Vierteljahr und auf Anordnung eines autoritären Kieferorthopäden, der uns darauf hinwies, dass nur auf diese Weise hässliche Folgeschäden vermieden werden könnten. Diese sind übrigens vor allem sozialer Natur. Mit schiefen Zähnen kann heute niemand mehr die Welt erobern. Ich bedauerte mein Kind, schließlich gibt es Schöneres, als womöglich jahrelang mit einem halben Pfund Draht im Mund herumzulaufen, aber unser Pubertier brach keineswegs in Heulkrämpfe aus, sondern machte die Beckerfaust und rief: «Ja!»

Ich verstand dann, dass ihr diese Spange als Symbol für das Fortkommen innerhalb der Adoleszenz höchst willkommen war. Ähnlich wie der erste Pickel, den sie im Mai freudig begrüßt hatte. Wer einen gewissen Zahnschiefstand oder Hautunreinheiten aufweist, der hat es im Leben bereits zu etwas gebracht, so in etwa war ihr Jubel zu verstehen. Ich fand das rührend und erinnerte mich an meine erste Nassrasur mit vierzehn Jahren. Zwar hatte ich damals noch keinen Bartwuchs, hoffte aber, dass dieser einsetzte, sobald ich mich rasierte.

Als die Spange dann in unser Haus kam, musste Carla sie vorführen. Sie setzte sie mühsam ein, und das Ding polsterte subkutan ihren Mundbereich auf. Um den Kiefer herum sah sie ein bisschen aus wie Oliver Kahn. Ich musste lachen. Sie sagte: «Hörauffoblöfukichn.» Ich musste noch mehr lachen, tut mir leid. Darauf entfernte sie das gute

Stück und rief sabbernd, dass es kein Vergnügen sei, eine Prothese tragen zu müssen, und dass sie ja wohl Unterstützung von ihrem eigenen Vater erwarten könne. Und damit hatte sie recht, auch wenn eine Zahnspange keine Prothese ist.

Carlas Zahnspange hat dann unser Leben verändert, plötzlich ging es nur noch um diesen teuren Maulverhau. Ich habe meine Tochter im Verdacht, dass sie das Teil absichtlich verbiegt, damit es weh tut und sie es nicht tragen muss. Sie bestreitet dies, aber die anfängliche Begeisterung ist schnell einer nüchternen Pragmatik gewichen.

Es gibt überhaupt nur noch einen Bewohner unseres Hauses, der wirklich auf die Spange steht: unseren Hund. Hunde lieben Zahnspangen, wobei sie diese nicht einsetzen, um ihr Gebiss zu regulieren, sondern sie umstandslos zerbeißen, worauf eine neue Zahnspange angefertigt werden muss. Wahrscheinlich ist der Hund das Wappentier des kieferorthopädischen Berufsverbandes. Dessen Mitglieder haben viel zu tun.

Vor einiger Zeit fand eine größere Übernachtungsparty bei uns zu Hause statt. Gegen 22:30 Uhr legten gleich fünf von sieben anwesenden Mädchen synchron ihr Geschirr an, um danach noch zwei Stunden in einer feuchten Geheimsprache miteinander zu konferieren. Immerhin hatten ausnahmsweise alle ihre Spange dabei, was sonst nie der Fall ist. Normalerweise klingelt es gegen 23:30 Uhr an der Tür, und eine mehr oder weniger absichtlich vergessene Regulierungsapparatur wird angeliefert.

Letzten Freitag war ich jedenfalls mal wieder unterwegs. Ich parkte, nahm die Dose vom Beifahrersitz und klingelte. Moritz' Vater öffnete die Tür, ich streckte ihm den Frachtbehälter entgegen. Er nahm ihn, nickte wissend, ich nickte zurück, dann drehte ich mich um und ging. Väter von gleichaltrigen Pubertieren verstehen sich ohne Worte.

Bevor sich die Tür schloss, hörte ich, wie meine Tochter rief: «Boah, mein Vater ist so krass uncool.»

Uncool, ja, aber mit geraden Zähnen.

EIN TRAUM VON
EINEM VATER

Schul- und Jugendpsychologen weisen immer wieder darauf hin, dass es in der Erziehung junger Menschen vor allem darauf ankommt, ständig mit den Kindern in Kontakt zu bleiben. Kommunikation ist alles, heißt es. Man soll also reden, reden und nochmals reden, notfalls achtzehn Jahre lang durchlabern. Habe ich versucht. Das vorläufige Ergebnis ist aber ernüchternd, denn ich rede, und meine Kinder schweigen zurück.

Die ganze Bredouille begann damit, dass wir zu Mittag aßen. Das machen viele Familien in Deutschland jeden Tag. Aber bei uns war so eine komische Stimmung. Niemand sprach, dabei hatte keiner schlechte Laune. Ich mag es nicht, wenn alle stumm das Essen in sich hineinschaufeln. Ich will auch quatschen. Also stellte ich meinen Kindern eine Frage, irgendeine belanglose Frage, nur um das Tischgespräch ein bisschen ins Brummen zu bringen.

«Mal angenommen, es gäbe mich gar nicht: Wen hättet ihr dann am liebsten als Vater?» Ich dachte, das sei ein Top-Essensthema, und hoffte nebenbei, dass meine Kinder sagen würden, sie könnten sich niemand anderen als Vater vorstellen als mich. Väter sind so, manche jedenfalls, also ich.

Sara fand die Frage auch interessant, und die Kinder dachten nach, unser Sohn Nick allerdings nur sehr kurz. Dann rief er: «Homer Simpson!» Das fand ich eine ganz gute Wahl. Homer Simpson ist doof, aber lustig.

Carla nahm sich etwas mehr Zeit und rief dann: «Ich will Til Schweiger als Vater!» Den finde ich mindestens so doof, bloß gar nicht lustig. Er dreht aber angeblich Komödien.

«Warum bitte denn ausgerechnet der?», fragte ich empört. Ben Stiller hätte ich okay gefunden, meinetwegen auch Jürgen Klopp, solange er die doofe Mütze nicht aufhat. Aber Til Schweiger?

Carla knabberte an ihrem Salat und führte dann aus, dass der im Film so eine tolle Wohnung habe und super mit Kindern umgehen könne.

«Kann ich auch», meckerte ich.

«Aber er guckt immer so süß.»

Til Schweiger guckt süß! Ich versuchte, so zu

gucken wie Til Schweiger, so nett und unschuldig von unten, wie man eben gucken muss, damit Mädchenherzen schneller pochen.

Carla lachte und sagte: «Du kannst das nicht.»

Ich wies sie darauf hin, dass ich andere Dinge könne, die der feine Herr Schweiger ganz sicher nicht beherrsche, und Carla sagte: «Die interessieren nur niemanden. Aber außerdem sieht der super aus.»

Sie betonte das «der» auf eine ziemlich provozierende Weise. Jetzt war ich beleidigt. Selbst schuld. Leider hatte sie vollkommen recht.

«Wofür ist es denn bitte schön so wichtig, dass ein Vater gut aussieht?», fragte ich in selbstquälerischer Beharrlichkeit. Carla beschenkte mich mit einem mitleidigen Blick, brachte ihren Teller in die Küche und verschwand in ihrem Zimmer, um telefonierend zu kichern. Oder um kichernd zu telefonieren. Wahrscheinlich ging es um mich.

Ich blieb sitzen und dachte darüber nach, wen ich als Junge gerne zum Vater gehabt hätte. Und dann fiel es mir wieder ein: Lex Barker. Old Shatterhand. 1974 war der mein Traumvater. Lex Barker ging mit diesem oberlässigen Wildlederoutfit auf Kriegspfad. Mein Vater hingegen ging nur mit

Anzug und Krawatte ins Büro. Er hatte nicht den kleinsten Schimmer vom Anschleichen, konnte keinen Tomahawk werfen, und wenn er nach Hause kam, machte er kein Lagerfeuer an, sondern den Fernseher.

Und plötzlich konnte ich meine Tochter verstehen. Allein die Vorstellung, mit Til Schweiger in einem seiner unoriginellen, aber schön eingerichteten Filme zu leben, hebt in Mädchenseelen wahrscheinlich die größten romantischen Schätze. Besonders, wenn er so von unten guckt.

Mir fällt jedenfalls auf, dass meistens ich bei uns Konversation mache. Madämchen lässt sich Infos nur schwer entlocken, und unsere Til-Schweiger-Diskussion dämpfte ihre Gesprächslust noch weiter. Trotzdem weiß ich allerhand über sie, weil ich um meine Tochter herum recherchiere.

Ich weiß zum Beispiel, dass es zwischen ihr und Moritz mal wieder nicht zum Besten steht. Große Krise. Sie hat sich da um Kopf und Kragen geredet. Es ist ihrer Jugend geschuldet und eigentlich nicht weiter schlimm. Aber endlaser peinlich. Endlaser ist eine Steigerungsform, die gerade bei uns grassiert. Meine Bolognese ist zum Beispiel endlaser. Und Moritz war offenbar bis gestern endlaser. Mir würde sie so etwas niemals erzählen, weil ich nun einmal nicht endlaser bin. Aber ihren Kumpelinnen erzählt sie alles. Und wer ist mit den jungen Damen befreundet? Genau: ich. Bei Facebook.

Nicht, dass Sie mich jetzt für einen Strolch halten. Ich habe mich nicht darum bemüht. Es war genau umgekehrt. Als ich in der Facebook-Quasselbude frisch angemeldet war, purzelten Freundschaftsanfragen herein, und darunter waren einige von Carlas Schulfreunden. Ich fand das lustig und drückte auf «bestätigen». Ich dachte, das sei geschickt, weil man auf diese Weise mit Jugendlichen in Kontakt bleibt.

Zunächst erwiesen sich meine Facebook-Freundschaften mit Carlas Clique als ziemlich enervierend. Dauernd wurde ich gefragt, ob ich bei irgendwelchen doofen Spielen mitmachen wolle. Ob ich mir ein Date mit Miley Cyrus wünschte (nein) oder lieber eines mit Cameron Diaz (schon eher) und ob ich alte Wendy-Hefte bräuchte (bestimmt nicht). Ich reagierte nie.

Aber dann passierte die Sache mit Moritz. Ich kann ihn gut leiden. Er ist nett, sieht gut aus, und soweit ich es beurteilen kann, ist er gut für Carla. Mehr kann man nicht verlangen. Manchmal sitzen die beiden in unserer Küche und verursachen eine Art Lochfraß in unserem Kühlschrank.

Damit könnte es nun vorbei sein, denn der arme Kerl hat einen weiteren großen Fehler gemacht. Vor einigen Tagen tauchte er in der Schule mit einer neuen Frisur auf. Seine längeren Haare sind einem Selbstverwirklichungstrip der Friseurin zum Opfer gefallen, und er sieht aus, wie man nachmittags im Privatfernsehen aussieht. Im Ergebnis führt dieser Look dazu, dass er ein Schleudertrauma bekommen wird, weil er sich diesen seltsamen Pony immer aus dem Gesicht schütteln muss.

Nachmittags fragte Liliane auf Facebook nach Meinungen zu Moritz' neuem Kopfputz. Carla kommentierte: «Sieht aus wie eine Klobürste aus Eichhörnchenfell.» Moritz kommentierte: «Dabei habe ich das nur für Dich getan. Aber da habe ich wohl einen Fehler gemacht.» Ich postete unüberlegt: «Die größten Dummheiten werden aus Liebe begangen.» Und Carla schrieb: «Tschüs Papa.»

Kurz darauf hatten alle ihre Bekannten ihre Verbindung zu mir gelöst. Ich rief einen Vater an, der bisher ebenfalls mit allen Kindern befreundet war. Und der ist auch raus. Wir sind alle raus. Aufs

Abstellgleis geschoben, Generationenvertrag ge-kündigt. Ritschratsch, so schnell kann's gehen. Nur bei Moritz bin ich noch drin. Wir sind sozusagen richtige Freunde.

IM PUBERTIERLABOR 2:
GELDDINGE

Bevor ich mit der Schilderung neuer Forschungsergebnisse aus dem Pubertierlabor beginne, möchte ich Ihre Aufmerksamkeit auf das hohe Gefahrenpotenzial dieser Studie lenken. Bei einem Pubertier handelt sich um ein interessantes, aber eben auch lebensgefährliches Versuchsobjekt. Das Pubertier ist in der Lage, heftig zu schimpfen, ziellos zu schlagen oder zu werfen und sogar zu beißen.

Die folgenden Laborberichte hat der Versuchsleiter mit letzter Tinte verfasst und sich dann für einen Monat abgemeldet. Gut möglich, dass er sich irgendwo aufhält, wo es keine Jugendlichen gibt, also beim Mitteldeutschen Rundfunk, auf dem Mars oder in Bad Reichenhall.

Heute geht es also um den Umgang des Pubertiers mit Geld. Es kann davon nicht genug haben, und es hat davon auch nie genug. Die monatliche Zahlung von Taschengeld hat sich daher als konfliktträchtig herausgestellt, denn das Pubertier ist spätestens am fünften Tag eines Monats mit einer gewissen Hartnäckigkeit der Ansicht, es habe noch gar kein Geld erhalten. Nach elfminütiger Diskussion und der Einsicht, hier nichts reißen zu können, verlegt sich das Pubertier auf den Standpunkt, der Monat sei quasi vorbei und es müsse daher bereits das Taschengeld für den nächsten Monat zur Auszahlung kommen. Nachdem auch diese Volte nicht verfängt, beginnt es zu jammern und zu klagen.

Der Versuchsleiter setzt Argument B76a ein, welches lautet: «Du musst eben vernünftiger mit deinem Geld umgehen und es dir besser einteilen.» Darauf reagiert das Pubertier in der Regel mit Replik 3 und Replik 5, welche lauten, dass Laura von ihren Eltern grundsätzlich mehr Geld bekomme und dass man sich daran ein Beispiel nehmen könne. Oder sie zielt darauf ab, dass der Versuchsleiter keine Ahnung habe von den Kosten, die einem Pubertier heutzutage entstünden (Replik 6b).

Es ist dem Versuchsleiter gelungen, anhand der Äußerungen des Pubertiers den wöchentlichen Ausgabenplan des Versuchsobjektes beispielhaft zu rekonstruieren. Demnach nehmen die zehn Euro, die dem Pubertier inzwischen wöchentlich auf den Schreibtisch in der Versuchsanordnung

gelegt werden, folgenden Weg: Zwei Euro werden zinslos und ohne Aussicht auf Rückzahlung an das angeblich so verwöhnte Pubertier Laura verliehen. 5,70 Euro werden für kalte und heiße Getränke in der Schule und bei der Taschengeldablieferungsstelle (Kiosk) auf dem Schulweg ausgegeben. Weitere zwei Euro werden für Kurzstreckentickets benötigt, weil die Monatskarte, die der Versuchsleiter bezahlt hat, leider verschwunden ist und erst Jahre später in einem Skistiefel aufgefunden wird, der beim Flohmarkt zum Verkauf steht. Die verbleibenden 30 Cent werden am Dienstag vorgezeigt, um zu belegen, dass das Pubertier praktisch abgebrannt ist. Es besteht auf einer Aufstockung seines Salärs nach Art eines atmenden Deckels und verlangt die sofortige Herausgabe von Kleinbeträgen.

Der Versuchsleiter hat nun zwei Möglichkeiten. Er gibt nach oder nicht. Wenn er nicht nachgibt, hat dies eine mittelfristige Verdüsterung des Pubertiers zur Folge, die auch nicht durch das Servieren eines Latte macchiato in die Versuchsanordnung aufgehellt werden kann. Zahlt er hingegen einen geringen Münzbetrag, darf er sich über ein Küsschen freuen.

Zum Abschluss der aktuellen Versuchsreihe lehnt er die Zahlung zunächst ab. Er betritt die Versuchsanordnung zehn Minuten später und stellt einen Korb mit Wäsche hinein, dazu ein Bügelbrett mit Bügeleisen. Er stellt die Zahlung von zehn Euro in Aussicht, wenn der Inhalt des Korbes innerhalb von zwei Stunden geplättet sei.

Eine kurze Visite etwa vierzig Minuten später ergibt, dass der Finanzbedarf des Pubertiers inzwischen deutlich erlahmt ist, ebenso wie das Versuchsobjekt als solches. Es ist nach dem Bügeln eines T-Shirts eingeschlafen und braucht kein Geld mehr.

FERBER FÜR ANFÄNGER

Zu den Besonderheiten bei der Verwandlung unserer Tochter in ein Pubertier gehören ihre Wert-
vorstellungen. Meine Sachen sind zum Beispiel
nichts wert. Man kann CDs des Vaters irgendwohin mitnehmen und dort vergessen. Wenn ich
meckere, dass ich diese CDs gekauft habe, weil ich
sie besitzen wollte, antwortet Carla, ich solle mich
nicht so anstellen, es seien doch bloß wertlose
CDs. Schon wegen der Frechheit meiner Tochter
habe ich ein Problem mit der blöden Gratiskultur
des Internets.

Diese wollte Carla nun mit einem eigenen
Computer in Anspruch nehmen und setzte sich
daher ein Sparziel, welches sie erstaunlich kon-
sequent verfolgte. Sie bettelte Großeltern deut-
scher und italienischer Provenienz an. Und sie
ging babysitten, um Geld zu verdienen. Zu diesem
Zweck malte sie ein Werbeplakat mit abreißbaren
Telefonnummern, auf dem sie die Dienste einer

«zuverlässigen und freundlichen Teenagerin» anpries. Ich fragte, ob sie demnach noch jemanden mitbringen würde, aber sie fand das nicht komisch und hängte den Schrieb in zwei Geschäften aus. Es riefen tatsächlich Menschen an, und zwar auf meiner Büronummer. Carla hatte sie auf die Abrisse geschrieben, weil ich schließlich zu Hause und ihr Handy immer leer sei.

Nach einigen stundenweisen Einsätzen folgte neulich der erste Babysitter-Samstagabend im Leben der zuverlässigen und freundlichen Teenagerin. Die Eltern der dreijährigen Cheyenne Shakira wollten in ein Andrea-Berg-Konzert gehen oder in einen Swinger-Club, so genau weiß ich es nicht. Aber wer seinem Kind solche Namen gibt, treibt am Samstagabend die merkwürdigsten Sachen. Sie buchten Carla von halb sieben bis Mitternacht. Ich fuhr sie hin und dann schnell wieder nach Hause, um meine CDs zu sortieren. Irgendwer bringt da immer alles durcheinander.

Gegen 21 Uhr klingelte das Telefon. Carla. Sie wisse nicht, was sie machen solle, weil dieses Monster sie seit über einer Stunde anbrülle und nicht einschlafe. Ich schlug ihr vor, Cheyenne Shakira zu ferberisieren. Bei der Ferber-Methode lässt man die Kinder schreien, stopft sich Klopapier in die Ohren und trinkt Branntwein, bis alle eingeschlafen sind oder die Polizei klingelt. Carla lehnte dies ab und bat mich, doch mal vorbeizukommen.

Völlig entnervt öffnete meine Tochter die Tür. Sie versicherte mir, dass Cheyenne Shakira und sie einträchtig einen schrecklichen Film für Kleinkinder angeschaut hätten. Danach gab es Abendessen, dann wurden Zähne geputzt und Bücher vorgelesen. Und nun das.

Ich öffnete das Kinderzimmer, und Cheyenne Shakira lag wie ein Glutnest in ihrem Bettchen und brüllte. Sie sah aus wie Chucky, die Mörderpuppe.

Ich sagte: «Huhu, wer will denn da gar nicht schlafen?» Da brüllte Cheyenne Shakira noch ein bisschen lauter und wurde noch ein bisschen röter.

«Siehst du? Die ist verrückt», rief meine Tochter.

«Das bekommen wir schon hin», sagte ich mit einer Zuversicht, deren Ursache ich in einer Plastiktüte dabeihatte. Und zu dem Baby: «Cheyenne Shakira, ich werde dich jetzt bis zum Kragen mit Kinderschokolade vollstopfen. Dann bekommst du Gummibärchen und Fanta, und du kannst aufbleiben, solange du willst.»

«Das dürfen wir nicht», sagte die zuverlässige und freundliche Teenagerin.

«Na und? Wir sind nicht ihre Erziehungsberechtigten. Wenn sie nicht wollen, dass Chucky, die Mörderpuppe, Kinderschokolade bekommt, sollen sie zu Hause bleiben.»

Dann gingen wir ins Wohnzimmer und aßen alles auf, was ich von der Tanke mitgebracht hatte. Cheyenne Shakira bekam einen Zuckerschock und tanzte Lambada. Gegen 23:40 Uhr fiel sie nach einem Lachflash in einen ohnmachtsähnlichen Tiefschlaf. Mission accomplished, würde George W. Bush sagen.

Ich trug sie in ihr Zimmer. Dann haute ich ab und beobachtete das Haus, bis die Eltern heimkamen. Fünf Minuten später klingelte ich, um meine Tochter abzuholen. Cheyenne Shakiras Eltern waren ganz begeistert von Carla. Solches Lob hört man als Vater gern.

Carla gab mir tatsächlich die Hälfte ihres Honorars ab. Nächste Woche wollen Cheyenne Shakiras Eltern zu Semino Rossi. Das wird toll!

MEIN LEBEN MIT MARIE

Manchmal fühle ich mich wie Hannes Kröger, der singende Seemann. Dann wache ich auf und denke: Ich bin ein Wrack. Das muss das Alter sein. Als Wrack hat man ständig mit Angriffen auf die eigene Substanz zu kämpfen. Das ist wissenschaftlich bewiesen.

Spanische Forscher haben gerade ein bisher unbekanntes Bakterium entdeckt, das sich rücksichtslos am Wrack der Titanic zu schaffen macht und es in Steinlausmanier zersetzt. Die Forscher haben das Bakterium auf den Namen «Halomonas Titanicae» getauft. Bisher scheint Halomonas Titanicae nur unter Wasser seinem entsetzlichen Werk nachzugehen, aber wer weiß? Wrack ist Wrack. Vielleicht nagt dieses Bakterium bereits an mir. Man muss wachsam sein.

Ja, das Alter nagt an mir. Man wird zum Beispiel alt, wenn man weniger Anrufe bekommt als seine Tochter. Bis vor wenigen Monaten konnte ich eigentlich sicher sein, dass ich gemeint war, wenn mein Telefon klingelte. Aber das hat sich dramatisch geändert, und die Anzahl der für mich eingehenden Anrufe nimmt in dem Maß ab, wie die für meine Tochter bestimmten zunehmen.

Interessanterweise geht unser Pubertier aber nie dran, wenn es klingelt. Carla behauptet, es sei schließlich mein Telefon. Also gehe ich dran, und es ist für sie. Irgendein Martin. Oder eine Louise. Oder ein Lennart. Oder der weiterhin um Carla kämpfende Moritz. Wenn sie eines Tages ausgezogen ist, werden noch jahrelang Anrufe für sie eingehen, das Klingeln wird zu einer Art Phantomschmerz werden. Aber meistens wird das Telefon schweigen, es sei denn, ich rufe bei der Hotline eines Verkaufssenders an, um einen Tischgrill von George Foreman zu bestellen.

Und dann ist da noch eine weitere Erkenntnis, das Altern betreffend, und die lässt mich hadern: Man wird alt, wenn man sich in zwanzig Jahre jüngere Frauen verknallt. Das habe ich gerade getan.

Anstatt wie jeder normale Mann alte Bundestagsdebatten auf Phoenix anzugucken, ziehe ich mir tatsächlich jeden Sonntag die Fußballrunde bei Sport 1 rein, weil zwischendurch wer kommt? Ge-

nau: Marie mit dem Spendierhöschen. Sie macht Werbung für ein Vergleichsportal. Ich weiß nicht, was das ist, und es ist mir auch egal, aber Marie mit dem Spendierhöschen ist der Hammer. Ich habe den Spot ungefähr viertausend Mal angesehen, und Marie ist so was von entzückend. Eine Frau, für die ein Kardinal Kirchenfenster eintreten würde.

Ich habe also bei der Werbeagentur angerufen, die den Spot hergestellt hat, weil ich wissen wollte, ob eventuell eine Möglichkeit besteht, Marie einen Drink zu spendieren. Ich würde dafür meine Spendierhöschen anziehen. Das ist natürlich furchtbar. Als ich beim Essen davon erzählte, schüttelte sich Carla vor lauter Ekel vor ihrem derbe peinlichen Alten. Aber erstens gehören Recherchen zu meinem Beruf, und zweitens bedeutet würdevolles Altern, an beklemmenden Selbstbeobachtungen nicht zu verzweifeln und sie mit seiner Familie zu teilen.

Die Auskunft der Werbeagentur war ernüchternd. Eine Kontaktaufnahme wird schon an der Sprachbarriere scheitern, denn Marie ist eine französische Schauspielerin und Ballett-Tänzerin. Sie heißt Marie-Astrid Jamois, und ich glaube, sie will gar nicht mit einem deutschen Wrack ausgehen.

Wie wohl ein Leben an ihrer Seite aussähe? Sie hat bestimmt sehr schicke Freunde, mit denen sie gerne ausgeht. Manchmal verbringt sie ein Wochenende auf der Yacht eines russischen Oligarchen. Und ich darf mit. Sie kauft mir einen Zopfmusterpulli und bringt mir bei, wie man sein Glas richtig festhält, wenn Kate Moss und Gisele Bündchen an einem vorbeilaufen. Später unterhalten die Girls sich auf der Toilette, und Kate Moss sagt zu Gisele Bündchen:

«Hast du Marie-Astrid gesehen? Sie hat wieder diesen alten deutschen Mann mitgebracht. Was sie an dem wohl findet?»

«Keine Ahnung. Ist dir aufgefallen, dass er krümelt?»

«Er krümelt?»

«Allerdings, meine Liebe. Er leidet unter Halomonas Titanicae und ist dabei, zu zerbröseln wie ein Schiffswrack.»

Hm. Ich glaube, wenn das so ist, bleibe ich lieber zu Hause und schalte schnell um, wenn Marie mit dem Spendierhöschen im Fernsehen kommt. Wer will schon zum Gespött von einem Pubertier und zwei Supermodels werden?

GOMEZ UND GLYZINIEN

Man tastet sich so durch die Pubertät des eigenen Kindes und beginnt nach einiger Zeit zu ahnen, dass diese länger dauern könnte als der Zweite Weltkrieg. Neulich las ich, dass es erst mit achtzehn wirklich vorbei sein soll. Und bei manchen Menschen dauert die Pubertät sogar Jahrzehnte, man denke nur an George W. Bush, Lothar Matthäus und Dieter Bohlen.

Auch vor diesem Hintergrund muss man jeden Tag versuchen, das Beste draus zu machen. Man kann sich zum Beispiel im Baumarkt Ohrenschützer kaufen und diese beim Mittagessen tragen. Man sieht dann nur noch einen sprechenden Mund, ohne Sound. Das ist die eine Möglichkeit. Die andere besteht darin, sich frohgemut und auf eine schöne Pointe hoffend mitten in den Strahl der pubertären Äußerungen zu stellen und einfach zu genießen. So mache ich das, wenn ich gute Laune habe.

Die Diskussionen mit meiner Tochter haben inzwischen epische Ausmaße angenommen. Es geht um das sogenannte große Ganze, quasi um das komplette Schweinesystem – und um mich als Büttel und Symbol dieses Systems: Dauernd werde ich kritisiert.

Für meine Eier zum Beispiel. Ich bereite täglich welche zu. Am Wochenende mache ich Spiegeleier, sonst Rühreier oder weiche oder welche im Glas. Letzte Woche stocherte Carla missgelaunt in ihren Spiegeleiern herum und verkündete, dass Moritz' Vater sie viel besser zubereite, und zwar wie Erich Witzmann. Ich korrigierte sie dahingehend, dass sie möglicherweise Eckart Witzigmann meine, und sie verdrehte die Augen, weil es darauf ja wohl echt nicht ankomme.

Dann schilderte sie, dass Moritz' Vater zuerst den Eiweißspiegel in die Pfanne gieße und zart erhitze, anschließend das Weiße salze und erst danach das Eigelb vorsichtig zur finalen Ausbratung darauf platziere. Das sei wirklich delikat. Ich sah auf mein gummiartiges Spiegelei und bekam schlechte Laune. Soso, dachte ich, meine Eier sind dir also plötzlich nicht mehr gut genug. Man darf sich derartige Verletzungen nur nicht anmerken lassen.

Die gemeinsamen Mahlzeiten in unserer Familie enden recht regelmäßig mit der Explosion unseres Pubertiers. Experten behaupten, dies sei ganz normal und in vielen Familien üblicher Brauch. Das gestrige Essen begann wie an jedem Abend der vergangenen Woche mit Planungsgesprächen zu Carlas Geburtstag, welcher im September stattfindet. Das Pubertier findet, man kann mit dem Dialog über die Länge der Gästeliste nicht früh genug beginnen. Außerdem will sie den Stein, den ich in puncto Alkoholerlaubnis darstelle, nun sechs Monate lang höhlen. Sie ist dabei nicht unerfolgreich, das muss ich ihr lassen.

Ich begann am Dienstag mit einem kargen und grundsätzlichen «Nein» zum Alkohol. Ich finde, mit vierzehn Jahren kann man Cola trinken. Nach Debatten am Mittwoch, Donnerstag und Freitag sind wir bei einer kleinen Flasche Bier pro Gast angelangt, sofern er das vierzehnte Lebensjahr abgeschlossen hat.

Nun die nächste Tochterfinte: Carla ist der Ansicht, dass es für Personen, die kein Bier mögen, ersatzweise Alcopops geben müsse. Ich zeigte ihr einen Vogel. Die sollen Cola ins Bier schütten, dann haben sie Alcopops. Das fand sie ungerecht.

Überhaupt sei die Welt eine Drecksgegend für alle, die noch einen intakten Gerechtigkeitssinn hätten. Sie erzählte von einer Fotomontage bei Facebook. Darauf waren eine gefeuerte Kassiererin und ein zurückgetretener Bundespräsident zu sehen. Hier eine fristlose Entlassung nach einunddreißig Berufsjahren wegen zweier unterschlagener Pfandbons, dort 200 000 Euro pro Jahr als Rente nach nicht einmal zwei überflüssigen Jahren im Amt. Das sei ungerecht, krähte Carla.

Ich wies sie darauf hin, dass es schon Unterschiede innerhalb der Gesellschaft geben müsse. Außerdem habe die Kassiererin ja niemand davon abgehalten, selbst Bundespräsidentin zu werden. Oder Präsidentengattin. Als solche bekommt man erst die Alcopops umsonst und kann dann später noch bei Penny die Pfandbons einlösen. Das mag ungerecht erscheinen, aber eine ganze Industrie lebt davon. Von wem sollen die Medien schließlich berichten, wenn für alle die gleichen Regeln gelten? Und überhaupt: Manche Ämter werden nur der Vorteilsnahme wegen geschaffen. Warum sollte denn jemand Präsident werden, wenn es nur Nachteile hat? Das ist ja nicht logisch.

Carla war damit nicht zufrieden. Und als ich

ihr sagte, es kämen keine Alcopops ins Haus, auch nicht in Form von Pfandflaschen, reagierte sie mit milder Wut. Ich schlug ersatzweise eine von mir zubereitete Bowle vor. Sie stimmte zu, bis ihr auffiel, dass ich sie wahrscheinlich bei der Zubereitung um den erhofften Alkohol betrügen würde. Mit dieser Unterstellung hatte sie völlig recht. Peng. Unsere Tochter verpuffte erst, dann verzogen sich ihre qualmenden Reste in ihr Zimmer.

Wir anderen aßen weiter. Unser Sohn Nick brachte ein neues Thema auf. Es ging wie so oft bei ihm um «Star Wars». Sein Lebensthema. Er ist elf Jahre alt, er tauscht die Sammelbildchen, er liest die Bücher, er kennt sich aus. Aber eine Sache macht ihm wirklich Kopfzerbrechen. Sie hat mit «Episode IV» zu tun, dem ehemaligen ersten Teil. Da sendet doch Prinzessin Leia den Droiden R2-D2 mit einer dreidimensionalen Videobotschaft auf den Planeten Tatooine. R2-D2 ist der, der so aussieht wie der Kopf von Gregor Gysi. Sie erinnern sich. Egal. Jedenfalls schauen sich Obi Wan Kenobi und Luke Skywalker diese Botschaft von Prinzessin Leia an. Die ist schadhaft (die Botschaft, nicht die Prinzessin) und wird deshalb mehrfach abgespielt.

Nick stocherte also in seinem Eis herum und

sagte: «Warum schießt die Prinzessin den Erzwo-Dezwo in der Rettungskapsel auf diesen Planeten? Das ist doch voll umständlich.» Ich fragte ihn, was er damit meinte, und er sagte: «Warum schickt sie ihm nicht einfach wie jeder normale Mensch eine Mail oder eine SMS oder eine Nachricht über WhatsApp?» Ja. Das sind Fragen, auf die man keine Antwort weiß.

Auch immer wieder bemerkenswert: die unterschiedliche Sicht von Töchtern und Vätern auf die Umwelt. Bisher wurde dieses in allen deutschen Familien brandheiße Thema von einer wissenschaftlichen Betrachtung weitgehend ausgenommen, wahrscheinlich weil die Wissenschaftler ebenfalls Väter sind und sich wie ich in ständiger Angst vor Konfrontationen mit ihren Pubertieren lieber im Labor verkriechen. Oder im Wald. Dort erkunden die Forscher Bäume und kommen zu erstaunlichen Ergebnissen. Letzthin las ich, dass eine Buche mit einem Kronendurchmesser von zwölf Metern eine reine Blattfläche von ungefähr 15 000 Quadratmetern aufweist. Das entspricht der Größe zweier im Europacup zugelassener Fußballfelder zuzüglich Coaching-Zonen. Sagenhaft. Wie bekommen die so etwas nur heraus?

Man stelle sich vor, wie ein Baumforscher Buchenblatt für Buchenblatt auf zwei Fußballplätze legt. Alle vierzehn Minuten kommt ein Windstoß, und er muss von vorne beginnen. Abends erzählt er von der Arbeit, aber seine Tochter sagt nur: «Schön blöd, sich den Tag mit so etwas zu versauen.» Oder: «Wayne interessieren diese doofen Blätter?» Und da kann ich wiederum für den traurigen Wissenschaftler antworten: «Mich.» Denn ich bin jener Familientrottel, der genau solches Laub jedes Jahr aufsammelt und entsorgt. Schon oft habe ich mich gefragt, wie groß die Fläche wohl sein mag, die man damit bedecken könnte. Nun weiß ich es, und es wärmt meine Erwachsenen-seele. Herzlichen Dank, verzweifelt forschende Mitväter.

Unserer Tochter Carla sind die Zusammenhänge zwischen heimischer Flora und väterlichem Gemüt total wumpe. Wir leben nun einmal in zwei unterschiedlichen Welten. In Carlas Welt bekommt man um 23 Uhr noch mal ein kleines Hüngerchen und verwüstet die Küche. In ihrer Welt ist es normal, um 7:50 Uhr morgens noch schnell Kajal aufzutragen, um dann wie Gundel Gaukeley schimpfend hinter dem Schulbus herzurennen.

In ihrer Welt kann man gleichzeitig telefonieren, chatten, Musik hören, Besuch haben und Hausaufgaben machen. In ihrer Welt lacht man über Väter, die über gefallenes Laub nachdenken.

Aber wir regen uns auch über sehr unterschiedliche Dinge auf. Das wurde heute Morgen wieder deutlich, als sie ausnahmsweise einen Blick in meine Zeitung warf und die Regierung der Vereinigten Arabischen Emirate für verrückt erklärte.

Sie haben dort einen fünfzehnjährigen Jungen zu einer Gefängnisstrafe verurteilt, weil er ein dreizehnjähriges Mädchen geküsst hat. Das fand Carla unvorstellbar. Ich nicht so. Die Gesetze werden schließlich auch in Abu Dhabi weitgehend von Vätern gemacht, und dort greifen sie durch, wenn sich irgendwelche Aknepiraten an ihre Töchter wanzen.

Ich sagte übertrieben empört: «Wenn ich dich mit so einem Bürschlein erwische, verwandele ich mich in den arabischen Innenminister.» Carla reagierte aber nicht wie erhofft mit grenzenloser Empörung. Zu meiner Überraschung gab sie mir einen Kuss und sagte: «Du bist echt süß.» Dann schmierte sie sich Kajal unter die Augen und raste hinter dem Bus her. Manchmal erfüllt sie einfach nicht meine Erwartungen.

Aber auf jeden Fall diskutiert sie wahnsinnig gerne, und zwar vor allem über Dinge, von denen sie keine Ahnung hat, die aber ihren Eifer anstacheln. Carla intrigiert zum Beispiel seit Wochen gegen die Glyzinie, die sich an unserem Haus emporrankt. Sie könne das Ding nicht ausstehen, mosert sie. Es sei blöd, hässlich und sinnlos. Ähnlich wie Stechmücken und Pflaumenkuchen. Bei den Mücken kann ich folgen, aber Backwaren und harmlose Rankpflanzen genießen meine Wertschätzung.

Ich mag Carlas Hasspredigten trotzdem, außer, ich versuche, ein Buch zu lesen, wie letzten Sonntag. Mein wandelnder Konflikt Carla setzte sich neben mich und fing sofort an zu meckern:

«Es ist eine Sauerei, was solche Typen wie Mario Gomez an Geld verdienen.» Ihr kleiner Bruder hatte ihr erzählt, dass der Stürmer bei Bayern München sechs Millionen Euro pro Jahr bekommen habe. Grob geschätzt.

«Was ist denn daran eine Sauerei?», fragte ich.

«Der Kerl kriegt in einem Monat mehr als eine Krankenschwester in zehn Jahren, und er tut absolut nichts für die Menschheit.»

Gut, da zeigen sich gewisse Gerechtigkeitslücken, das ist wohl wahr. Andererseits wird das verdienstvolle Wirken einer Krankenschwester eben auch nicht live im Fernsehen übertragen, und es ruft kaum je massenhafte Begeisterung inklusive La Ola hervor.

Ich versuchte, meinem bockbeinigen Pubertier zu erklären, dass Herr Gomez auf seine Weise viel für die Menschheit tue, besonders für die Fußballfans, und dass dies doch schön sei. Sie wischte meine Einlassungen beiseite, auch jene, dass Mario Gomez wahrscheinlich viel Geld für sinnvolle Dinge spende, was ich eigentlich gar nicht weiß, aber hoffe.

«Der ganze Fußball mitsamt Spielern und Stadien und der kompletten Sportartikelindustrie ist sinnlos und grauenhaft», polterte sie. Das gelte auch für Frauenfußball. Schon der Name: Frauenfußball. Warum nicht Damenfußball? Bei Tennis gehe das schließlich auch. Und bei -Uhren, -Schuhen, -Mode und -Fahrrädern ebenfalls. Carla stellte die These auf, dass angenehme Dinge eine Dame vorangestellt bekämen und die eher schwierigen Themen eine Frau: Frauenhaus, Frauengefängnis, Frauenroman, Frauenfußball.

Ich wies sie darauf hin, dass es auch die positiv

besetzte Frauenrechtlerin gebe und den ausgesprochen notwendigen Frauenarzt und aber keinen Frauen-, sehr wohl aber einen Damenbart. Zudem existierten derartige Schieflagen auch in anderen Gruppen, zum Beispiel bei den Studenten. Diese stellen gerne Studierendenzeitungen her, was immer ein bisschen geschwollen klingt, und verkaufen diese aber in Studentenkneipen. Das Wort «Studierendenkneipe» habe ich jedenfalls noch nie gehört, «Studierendenfutter» auch nicht.

Es entstand eine Gesprächspause, und ich sah wieder in mein Buch. Carla blieb noch eine Minute bei mir sitzen, dann erhob sie sich, weil sie spürte, dass ich nicht mehr mitmachte. Im Gehen sagte sie leise: «Die Glyzinie ist echt der Mario Gomez der Kletterpflanzen.»

DAS DUSCHTRAUMA

Mein Tag fängt in der Woche um acht Uhr an. Vorher bin ich nicht bereit für schockierende Neuigkeiten. Nach dem Kaffee gerne. Dann kann ich vieles ertragen: Erdbeeren, denen in der Dunkelheit des Kühlschranks kleine Bärtchen gewachsen sind. Interviews mit Thilo Sarrazin, dem Vuvuzela des deutschen Sachbuchwesens. Und sogar die Laune unseres Pubertiers, das mir am Freitag mitteilte, ich sei *outdated*. War mir aber egal, denn ihr Bus fährt um zehn nach acht, und dann kann ich – outdated, wie ich bin – meine Lieblingsmusik hören, ich bin ja allein zu Hause. Frei – hahaa –, ein unkontrolliert und ziellos durch die Bude streichender Vater. Aber das bin ich erst nach acht Uhr. Vorher möchte ich nicht von zivilisatorischem Grauen belastet werden.

Das klappt nicht immer. Wie vorgestern.

Deutlich vor acht Uhr stieg ich in die Dusche und widmete mich der Restaurierung dessen, was einst hoffnungsvoll als Körper der Erde zugestellt wurde und nun wenigstens noch als gut duftender Zellhaufen durchgehen sollte. Egal. Ich stand also in der Dusche und entdeckte etwas absolut Ungeheuerliches. An der Wand klebte an einem Gummipümpel eine Halterung mit einem Damen-Nassrasierer, der aussah, als hätte sich Luigi Colanis Verachtung für behaarte Frauen in einem Designmassaker kurvige Bahn gebrochen. Ich stand unter dem Wasser und betrachtete das Ding ausgiebig und angeekelt fasziniert.

Das Teil, mit dem ich drei Mal pro Woche meine Bartstoppeln absäbele, gleicht dem Damenrasierer lediglich in der Funktion. Letzterer besitzt einen organisch aussehenden wulstigen Griff. Der darüber hinaus fleischfarbene Hobel sieht gleichzeitig aus wie ein medizinisches und ein kosmetisches Gerät. Sein *Look & Feel* entspricht der weiblichen Neigung, die profane Entfernung von Haaren zu einem Styling-Event hochzutoupieren. Sehr interessant. Aber auch erschreckend und rätselhaft, dieser Damenmäher. Wenn einmal Marsianer auf unseren Planeten kommen, werden sie in unserer Dusche stehen und versuchen, mit dem Ding nach Hause zu telefonieren.

Nass und entrüstet rupfte ich – plopp – den Rasierer samt Halterung von der Wand und nahm ihn mit an den Frühstückstisch.

«Was soll das in meiner Dusche? Ich falle eines Tages tot um, wenn ich morgens so etwas Hässliches sehen muss», sagte ich.

«Danke, gleichfalls», sagte das Pubertier. Sie nimmt jede Chance wahr, mich zu ärgern.

«Wer hat das da hingeklebt?», versuchte ich es weiter.

Carla hob träge die Hand. Dann teilte sie mit, dass sie diesen Rasierer brauche, um dem gesellschaftlichen Zwang völliger Haarlosigkeit zu entsprechen. Allerdings habe sie die Haare auf den Unterarmen vergessen. Ich sagte, dass der Mensch kein Nacktmull sei und von Natur aus Haare auf den Unterarmen besitze und dass daran nichts verkehrt sei. Wenn einem langweilig sei, könne man mit Spucke kleine Eiffeltürmchen daraus drehen. Das sei doch toll. Carla sah mich mitleidig an, sagte, dass ich so outdated sei, und verschwand zur Schule.

Bestimmt hat sie recht. Haare sind ein riesiges Thema. Cristiano Ronaldo ließ sich tatsächlich einmal während der Europameisterschaft in der

Halbzeitpause des Spiels gegen die Niederlande frisieren. Mehmet Scholl-Latour hat gerade erst im Fernsehen erzählt, dass ihm zwar immer weniger Haare auf dem Kopf wüchsen, aber dafür mehr auf dem Rücken. Und die Playmobil-Frisur von Jogi Löw gibt es inzwischen als Perücke im Internet zu kaufen. Ich beschäftige mich offenbar zu wenig mit diesem Thema und halte es zu Unrecht für weiblich.

Aber so ein Macho wie mein Sohn Nick bin ich trotzdem nicht. Kaum war Carla aus der Tür, verkündete er, dass er gerne ein Seepferdchen wäre. «Warum?», fragte ich und trank den letzten Schluck Espresso. «Weil bei denen die Männchen selber Babys kriegen können. Die brauchen gar keine Frauen.»

Ein faszinierender Gedanke. Keine Frau bedeutet: kein Nassrasierer mit Halterung in der Dusche. Das schon. Aber das Leben wäre eindeutig langweiliger.

IM PUBERTIERLABOR 3:
ZEITVERBLEIB

Es kommt nur selten vor, dass die Gesetze der Naturwissenschaft ergänzt werden müssen. Die gängigen Formeln funktionieren, und zumindest jenen, die stumpf gebüffelt haben, ist die Welt zur Belohnung ein annähernd offenes Buch. Es existieren Formelsätze für die Berechnung von Flächen und Formen, für Kraft, Geschwindigkeit, Masse und Zeit. Und doch muss hier und da Neues in den Kanon aufgenommen werden.

Jetzt zum Beispiel. Dem Versuchsleiter des Pubertierlabors ist es nämlich gelungen, eine neue Formel zu entwickeln. Nach monatelanger Tüftelarbeit hat er den Zeitbegriff einer nunmehr fünfzehnjährigen weiblichen Person definiert. Man könnte auch sagen, dass er diesen Zeitbegriff aus der Irrationalität der pubertären Weltsicht gerissen hat, um ihn in ein mathematisches Korsett zu zwingen.

Wer sich also zukünftig mit der Zeitdauer im in-

tellektuellen Stoffwechsel eines weiblichen Pubertiers beschäftigt, kommt um folgende Definition
nicht herum: Zeit = Föhn × Haar.

Diese fundamentale Formel basiert zunächst
einmal auf der Entdeckung, dass ein Zeitbegriff bei
einem Pubertier gar nicht existiert. Die Verteilung
des Zeitkontingentes eines Tages erfolgt beim Pubertier daher recht willkürlich. Es kann sein, dass
das Schmieren einer Scheibe Mischbrot mit Butter
und Marmelade bis zu sieben Minuten dauert, weil
das Pubertier großen Wert auf akkurate Arbeits-
weise legt und dem Brot damit seinen Respekt
erweisen will. Die Anfertigung von Hausaufgaben
oder die Beantwortung von elterlichen Anfragen
sind hingegen häufig in Sekundenbruchteilen er-
ledigt.

Der Versuchsleiter hat sich zum Beleg dieser
These eine Stoppuhr bereitgelegt und wartet darauf, dass das Pubertier die Treppe herunterkommt.
Es hat am Vorabend gegen 19:30 Uhr die Versuchsanordnung verlassen und war auf einer Party, von
der es um 2:37 Uhr nach Hause kam.

Das Pubertier erscheint um 14:07 in Schlaf-
kleidung am Esstisch. Der Versuchsleiter nimmt
die Stoppuhr zur Hand und fragt, wie die Party

gewesen sei. Das Pubertier benötigt für die Antwort handgestoppte drei hundertstel Sekunden: «Schön.» Mehr Informationen sind ihm nicht zu entlocken. Eine Party, die immerhin sechs Stunden gedauert hat und während deren allerhand passiert sein wird, auf einen Bericht von weniger als einer halben Sekunde Länge zu verknappen, ist schon eine Meisterleistung der Reduktion.

Ähnlich verhält es sich bei allen anderen Themen, von denen das Pubertier findet, dass sie die Eltern nichts angehen. Der Versuchsleiter fragt, ob es Alkohol gegeben habe. «Hm.» Und ob sich jemand übergeben habe. «Joah.» Sonst alles lustig gewesen? Hierauf entbietet das Pubertier ein langes Gähnen, flehmt den Versuchsleiter an wie ein Dressurpferd im Regen und geht zurück in die Versuchsanordnung, bisschen pennen.

Dafür nimmt es sich erstaunlich viel Zeit. Ein Pubertier kann mühelos vierzehn Stunden schlafen, und wenn es zwischendurch aufsteht, um die Toilette aufzusuchen, bedeutet das keineswegs, dass es aufgewacht wäre.

Der Versuchsleiter betritt gegen 18 Uhr die Versuchsanordnung, um das Pubertier zum Essen zu bitten, woraufhin das Versuchsobjekt duscht und sich ausgiebig die Haare föhnt. Diese sind dann sehr warm, das Essen hingegen ist kalt. Das Pubertier äußert, man habe nicht auf es gewartet und sei nun selbst schuld.

Die Aufforderung, noch ein paar Vokabeln zu lernen, wird letztgültig abgewiesen. Das Pubertier erklärt, dafür habe es absolut keine Zeit. Es habe wahnsinnig viel zu tun. Ein Blick auf seine Facebook-Seite bestätigt diese Auskunft auf dramatische Weise. Da sind tatsächlich noch einundzwanzig Nachrichten zu beantworten. Dafür braucht ein Pubertier mindestens eineinhalb Stunden. An das Reinbimsen von Vokabeln ist bei dem mageren Zeitbudget des Pubertiers nicht zu denken. Der Versuchsleiter schließt verständnisvoll die Tür der Versuchsanordnung, macht sich ein Bier auf und Notizen.

STANGENFIEBER

Skandal im Deutschunterricht. Natürlich wurde sofort ein Elternabend einberufen, um die erhitzten Gemüter zu beruhigen. Ich war auch da.

Was war passiert? Das fragten auch einige Eltern zu Beginn der Veranstaltung, und deshalb erläuterte die Lehrerin Frau Blum den Sachverhalt. Und zwar habe sie die Idee gehabt, die pubertierende Klasse Gedichte schreiben zu lassen, und die Jugendlichen ermutigt, ihren romantischen Gefühlen Ausdruck zu verleihen. Am Dienstag habe sie dann darum gebeten, dass die in Heimarbeit angefertigten Ergebnisse reihum vorgetragen würden, damit man anschließend darüber diskutieren könne. Es seien ganz erbauliche Leistungen dabei gewesen, wenn auch nur von den Mädchen. Die Jungen hätten sich gedrückt oder im Internet «romantische Gedichte» gegoogelt, etwas von Heine oder Rilke kopiert und als eigene Werke ausgegeben. Dann sei Daniel dran gewesen. Und wegen seines Gedichtes seien wir nun hier. Seinen Dreizeiler hatte ein Mädchen zu Hause rezitiert, und ihre Eltern waren Minuten später in der Schule vorstellig geworden. Sie verlangten, Daniel vom Gymnasium zu werfen. Daniel und seine Eltern saßen ganz außen. Er tat mir leid.

Ein Vater fragte, ob man das Gedicht mal hören könne, dessen Ungeheuerlichkeit sich sonst nur ganz schwer beurteilen lasse. Frau Blum weigerte sich aber, es vorzulesen. Also wurde das Poem mit dem Titel «Stangenfieber» von Herrn Kohlschein rezitiert. Der ist Arzt, und ich vermute, dass er keine große Übung im Vortragen von Lyrik hat. Man hätte es auch schöner lesen können. Er brachte es mit geringer Emphase, etwa so: «Rosen sind Titten. Veilchen sind Titten. Ich mag Titten. Titten.»

Als der Orthopäde geendet und sich wieder hingesetzt hatte, machte sich die Hälfte der anwesenden Frauen Gedanken über ihn. Die andere Hälfte ließ ihrer Empörung freien Lauf. Das sei impertinent, sexistisch, frauenverachtend, blöd, besitze keinerlei Charme und sei regelrecht krank, urteilten die ersten Redner. Daniel und seine Eltern sagten nichts. Dann dozierte Herr Kohlschein, dieses

Gedicht sei ein Werk der «Generation Porno». Den Begriff habe er im «Stern» gelesen, fügte er stolz hinzu. Es sei widerlich und Ausdruck einer vollkommenen kulturellen Verrohung. Man müsse sich mit aller Macht gegen diesen Dreck stemmen.

Dann wurde ich gefragt, was ich von diesem Werk hielte. Ich? Ja. Nun. Als Schriftsteller müsse ich doch eine Meinung haben, forderte Herr Kohlschein. Da ist was dran. Aber leider bin ich ganz schlecht in Lyrik. Ich habe die letzten Würfe von Günter Grass nicht einmal als Gedichte identifiziert. Ich dachte erst, es handele sich dabei um halbdurchdachte Prosa mit unglücklichen Zeilenumbrüchen. Aber ich bin ja auch kein Literaturkritiker. Sollen die sich den Kopf darüber zerbrechen, was ein Gedicht ist. Und ob es was taugt.

Die Qualität der von Daniel zuwege gebrachten Ergüsse kann ich nicht beurteilen. Seinen Mut aber schon. Ich sagte: «Ich wünschte, ich hätte mit fünfzehn die Courage besessen, so etwas zu schreiben.»

Da stand Kohlschein auf und rief: «Pfui Deibel.» Dann verließ er den Klassenraum. Es folgte eine zweistündige Diskussion, die darin mündete, dass sämtliche Eltern sich gegenseitig erzählten,

was sie sich alles mit fünfzehn Jahren nicht ge-
traut, was sie versäumt oder im Erwachsenenleben
längst vergessen haben. Die Angelegenheit endete
mit einem glatten Freispruch. Einige Eltern gingen
noch in eine Kneipe, um sich weiter auszutauschen.

Daniel kam auf mich zu und sagte: «Wenn
Ihnen das so gut gefallen hat: Da, wo das herkommt, da ist noch mehr. Ich habe noch ganz andere Sachen in der Schublade. Wenn Sie wollen,
kann ich es Ihnen mal mailen.»

Ich bedankte mich und sagte, dass ich mich mel-
den würde, wenn mir nach einem Gedicht von ihm
sei. Ich nehme aber nicht an, dass es dazu kommt.
Dann fuhr ich nach Hause. Ich weiß nicht, warum,
aber ich musste die ganze Zeit wahnsinnig laut
grinsen.

ESSEN IM GRÜNEN

Gibt es denn überhaupt etwas Romantischeres als ein Picknick? Oh ja! Ich würde sogar sagen, dass die meisten Tätigkeiten romantischer sind als ein Picknick, und das schließt Verrichtungen wie mit Zahnseide zwischen den Zähnen herumfummeln, Siphons wechseln und E10-Tanken ausdrücklich ein. Ich sage das mit dieser Entschiedenheit, weil ich gerade von einem Picknick komme.

Die Idee, überhaupt eines zu veranstalten, stammte ausgerechnet von mir und hatte mit meinen Schuldgefühlen zu tun. Man macht sich doch ständig Gedanken darüber, ob man auch wirklich genug Zeit mit den Kindern verbringt. Und mit der Frau. Und überhaupt. Ich stand im Keller und hatte völlig vergessen, was ich dort wollte, da fiel mein Blick auf einen Kasten aus Flechtwerk. Ich nahm das Ding aus dem Regal und schaute hinein, ob vielleicht vergessener Wein oder Golddublonen darin seien. Es handelte sich aber lediglich um einen noch nie benutzten Picknickkorb, wahrscheinlich eine Aboprämie. Davon haben wir im Lauf der Jahre einige erhalten. Wir besitzen auch noch ein Lerntöpfchen (wenn man reinpinkelt, kommt eine Melodie, ich habe es ausprobiert), einen nach Plastik stinkenden Sandwichtoaster und eine Diagnosewaage, auf die ich mich nicht wage.

Der Picknickkorb enthielt alles, was man braucht, wenn man in der heimischen Flora tafeln möchte, allerdings kein Essen. Das muss man vorher zubereiten. Ich nahm den Korb mit nach oben und präsentierte meiner Familie das Projekt «Ausflug»:

«So, alle mal herhören. Wir machen jetzt ein Picknick.»

Unsere Tochter wollte sofort nicht mitmachen. Ihr sei das zu spießig, erklärte sie. Sie ist in einem Alter, wo man ungern etwas Neues ausprobiert, jedenfalls wenn die Idee dafür vom eigenen Vater kommt. Pubertiere sind konservative Geschöpfe, ganz ähnlich wie Zoobewohner. Sie möchten regelmäßig etwas zu essen, was sie nicht selbst jagen müssen, und ansonsten haben sie am liebsten ihre Ruhe.

«Warum soll ich zehn Kilometer fahren, um etwas zu essen, was ich genauso gut in der Küche zu mir nehmen könnte?», fragte sie, und damit hatte sie im Grunde genommen auch recht. Aber das wollte ich mir nicht anmerken lassen. Und dann fügte sie hinzu, dass sie schon wegen der Ameisen nicht mitwolle.

«Was hast du denn für ein Problem mit Ameisen?», fragte ich.

«Die mischen sich immer in alles ein», sagte sie, und ich fand das einen schönen Satz, ließ mich aber nicht beirren.

Ich googelte pfiffige Picknickrezepte aus Frauenzeitschriften und bereitete allerhand zu, was ich anschließend in den Korb stopfte. Dazu Getränke. Am Ende wog der Korb ungefähr fünfzehn Kilo. Leider passte das doofe Trumm nicht auf mein Fahrrad, was ich natürlich vorher hätte wissen können. Aber wenn ich schon mal die Initiative ergreife, sind mir die Konsequenzen egal.

Sara meinte, man könne ja auch mit dem Auto zum Picknick fahren, aber das finde ich konzeptionell noch absurder als mit dem Fahrrad. Wenn man im Auto irgendwohin fährt, kann man sich gleich ein schönes Lokal mit einem großen Parkplatz suchen und den Picknickkorb zu Hause lassen. Gut, es sei denn, man ist Cary Grant, fährt einen Sunbeam Alpine, trägt beim Picknick helle Hosen und hat die Aussicht, an Grace Kellys Hühnerbeinen zu knabbern.

Wir wollten gerade losfahren, da beklagte Nick einen platten Reifen, aber ich glaube, Carla hatte ihm einfach nur die Luft herausgelassen. Oder Sara. Sie machte nämlich, sobald klar war, dass wir unseren Ausflug nicht fortsetzen konnten, einen ungemein pragmatischen Vorschlag. Ob man denn nicht einfach mein Picknick im Garten veranstalten könne. Da werde den Wünschen aller Genüge getan, und das sei auch bestimmt lustig.

So haben wir das dann gemacht. Zwischendurch konnten wir in die Küche gehen und alles holen, was ich vergessen hatte einzupacken. Als es anfing zu regnen, wurden wir nicht nass, und eigentlich war es wie immer, weil wir den Tisch und die Stühle mitnahmen. Die Kinder freuten sich sehr, dass sie nach dem Essen ganz schnell wieder zu Hause waren. Wir räumten auf, und ich habe den Korb dann später wieder in den Keller gebracht. Da steht er gut und ab jetzt für alle Zeiten.

IM PUBERTIERLABOR 4:
ORDNUNGSHALBER

Ordnung ist angeblich das halbe Leben. Dieser Leitsatz wird vom Pubertier nicht nur grob missachtet, sondern auch widerlegt. Ordnung ist seiner Ansicht nach gar kein Leben und schon gar keine Tugend, sondern eine lästige Auflage, die weder Fun bereitet noch zu irgendwas nutze ist. Aber immerhin hat das Pubertier die Erfahrung gemacht, dass eine aufgeräumte Versuchsanordnung ein Lächeln und Wohlwollen in die Gesichter des Versuchsleiters und seiner Gattin zaubert.

Das Pubertier ist recht gut dazu in der Lage, über unterschiedliche Chaosabstufungen die Stimmung des Versuchsleiters zu manipulieren. Dieser betritt die Versuchsanordnung am Nachmittag gegen 14 Uhr und hält das Pubertier dazu an, aufzuräumen und schmutzige Wäsche zu sortieren. Er bittet das Pubertier, die saubere Kleidung in den Schrank zu legen und die schmutzige in den Keller zu tragen. Und außerdem möge der ganze Raum in jenen glücklichen Zustand versetzt werden, der das letzte Mal kurz vor Ostern für wenige Tage zu besichtigen war.

Der Versuchsleiter spricht diese Worte in einen Berg von Klamotten hinein. Das Pubertier selbst ist nicht zu sehen. Um es zu finden, müsste sich der Versuchsleiter im bergmännischen Vortrieb durch den Haufen wühlen, was er aber ablehnt, da dies würdelos und nicht mit seinem Forschungsmandat zu vereinbaren ist. Nach nochmaliger Aufforderung antwortet das Pubertier von irgendwo hinter dem Berg, erst noch zu chillen und dann eben diese Fron auf sich zu nehmen.

Gegen 15 Uhr betritt der Versuchsleiter die Versuchsanordnung abermals und stellt zufrieden fest, dass der Berg bereits zur Hälfte abgetragen wurde. Das Pubertier hockt äußerst missmutig auf dem Boden und sortiert Socken. Immerhin: Die Sonne kann nun wieder durchs Fenster scheinen und beleuchtet unter anderem mehrere Gläser mit kaltem Milchkaffee in unterschiedlichen Verwesungsphasen. Der Versuchsleiter gibt seiner Freude darüber Ausdruck, dass die Gläser wieder aufgetaucht sind, und darüber, dass diese bald wieder allen Familienmitgliedern zur Verfügung gestellt werden. Er bekommt ein paar braune Kniestrümpfe an den Kopf und zieht sich zurück.

Um 16:23 Uhr stellt er weitere Fortschritte fest. Der Boden der Versuchsanordnung ist komplett begehbar. Auf dem Schreibtisch hat sich allerhand angesammelt, was vom Pubertier hamsterartig im ganzen Haus zusammengesucht wurde und zum Teil schon lange schmerzlich vermisst wird. Unter den Gegenständen sind solche, deren Unterschlagung das Pubertier bisher hartnäckig geleugnet hat, darunter die Zuckerdose aus der Küche, eine Bürste, eine Apple-Fernbedienung, der Tesaroller, das Bürotelefon und zahlreiche Teller und Dessertschälchen mit nicht mehr identifizierbarem Inhalt. Es finden sich allerdings auch Dinge, die man nicht in der Versuchsanordnung vermutet hätte: eine Packung Poliertücher, eine Krawatte vom Versuchsleiter, ein Stück Kaminholz und das Vorderrad eines Fahrrades, von dem das Pubertier nicht genau weiß, wo es herkommt.

Der Versuchsleiter setzt sich aufs Bett, um sich Notizen machen zu können, und bemerkt eine konvexe Wölbung der Matratze. Er nimmt an, dass sich etwas unter dem Bett befinde, und sieht nach. Tatsächlich hat das Pubertier sämtliche Klei-

dungsstücke und Handtücher unter das Bett ge-
stopft.

«Von Ordnung kann hier keine Rede sein», be-
mängelt der Versuchsleiter, worauf das Pubertier
stöhnend damit beginnt, die Sachen unter dem
Bett hervorzuholen und nun doch sinnvoll zu sortieren.

Später hört der Versuchsleiter zufällig ein Telefonat mit, in welchem das Pubertier seiner Freundin gegenüber die Aufräumaktion erwähnt. Es
sagt: «Das hat ihm so eine Freude gemacht. Mal
sehen, was passiert, wenn ich jetzt absichtlich jeden Tag aufräume. Das müsste doch etwas in ihm
auslösen.»

Manchmal denkt der Versuchsleiter, er selbst sei
die Versuchsperson und das Pubertier mache Ex-
perimente mit ihm.

ZYKLUS DES LEBENS

Nach Ansicht des Bundesverbandes der Biologielehrer leitet einen die Kenntnis des Zitronensäurezyklus zu köstlichstem Verständnis des Universums im Allgemeinen sowie der Mitochondrien im Besonderen. Die Nichtkenntnis des Zitronensäurezyklus führt hingegen ohne Umweg in die Hölle. Wobei ich jetzt aus der Lamäng gar nicht genau weiß, ob es überhaupt einen Bundesverband der Biologielehrer gibt. Für alle, die den Zitronensäurezyklus nie verstanden haben, bleibt das Universum jedenfalls ein dunkles Loch und der Zitronensäurezyklus eine mythische Schülerfolter. Dennoch kannte ich an meiner Schule ein paar Leute, die ihn draufhatten.

Wer ihn beherrschte, der konnte auch Mathe und Cello und wusste nicht nur, wo der Hase langlief, sondern auch, warum und mit welcher Durchschnittsgeschwindigkeit. Alle anderen, also auch ich, waren auf illegale Hilfsmittel angewiesen.

Ich hätte die betreffende Biologieklausur also schaffen können. Wenn ich nicht zwischendurch auf die Toilette gegangen wäre. Wobei blöd daran bloß war, dass ich mir danach gedankenverloren die Hände wusch. Der Teil des Zitronensäurezyklus, den ich mir morgens in Mikroschrift auf das linke Handgelenk unter die Armbanduhr gekrakelt hatte, war sofort verschwunden. Und der andere Teil, der auf dem rechten Handgelenk stand, wurde dadurch sinnlos. Mit einem halben Zitronensäurezyklus lässt sich schwer auftrumpfen. Man kann ja schlecht sagen: «Oh, leider wurde der Kreislauf in meinem Gehirn von Prokaryoten aufgefressen. Es ist nur noch der Kram nach dem Succinat übrig.» Das glaubt einem ja kein Mensch. Jedenfalls erhielt ich für den halben Zyklus eine Sechs. Und das nur, weil ich so ein hygienischer Typ bin und auf die Anfertigung eines ordentlichen Spickzettels verzichtet hatte.

In Spickzetteln war ich nie besonders gut. Ich hatte Mitschüler, die wesentliche Hilfestellungen zu «De Bello Gallico» auf einem daumennagelgroßen Papier unterbrachten. Oder Interpretationshilfen zu Richard III. in einem Kassiber, welcher als Miniatur-Papierrolle aus einem Kugelschreiber gezogen wurde. Gewiefte Mädchen schrieben sich mathematische Formeln auf die Oberschenkel und hoben den Rock, um dort Körperberechnungen von Pyramiden und Tetraedern nachzusehen. Ein Kollege übertrieb allerdings den Toilettentrick, indem er auf dem Klo nicht etwa einen Mitschüler versteckte, sondern seinen Vater, der immerhin nicht von der Schule fliegen konnte. Ich denke mit Wehmut an diese glücklichen Zeiten zurück und nahm bis gestern an, dass sie mit dem Schulalltag von heute nicht mehr das Geringste zu tun haben. Moderne Schüler können bei funktionierendem WLAN womöglich telepathisch mogeln.

Doch dann fiel mir eine Jeans unserer Tochter in die Hände. Ich wollte sie waschen und sah in den Hosentaschen nach, ob sie dort irgendetwas vergessen hatte. Unser Pubertier bewahrt darin hochinteressante Dinge auf. Kaugummi, einen Fahrschein, eine Haarklammer, eine SIM-Karte, einen Spickzettel. Tatsächlich. Ich war begeistert, und nun liegt er auf meinem Schreibtisch. Es handelt sich um ein Merkblatt von der Größe eines Streichholzbriefchens, das die Standardgliederung einer Interpretation enthält. Ein Meisterwerk der Verkürzung. Mit diesem Talent könnte sie sofort

bei der «Bild»-Zeitung volontieren. Carla hat mit verschiedenen Farben in winziger Schrift notiert, worauf es bei Interpretationen ankommt. Protagonist und Antagonist, Zusammenfassung und weiter unten: «ziebare Schlüsse». Und was zieen wir daraus? Dass der Spickzettel als Medium sämtliche Schulreformen überlebt und noch lange nicht ausgedient hat. Print lebt! Sozusagen.

Und das, wo man solche Hilfsmittel gar nicht braucht, wenn man sich an den Rat führender Hirnforscher und Gedächtniskünstler hält und sich im Bedarfsfall geschickte Eselsbrücken baut. Im Falle des Zitronensäurezyklus lautet sie: **A**lle **C**itronen **I**m **K**eller **S**ind **S**chon **F**aules **M**atschiges **O**bst. Das steht für: **A**cetyl-Coa, **C**itronensäure, **I**so-Citrat, α-**K**etoglutarat, **S**uccinyl-Coa, **S**uccinat, **F**umarat, **M**alat, **O**xalacetat. Wenn ich das vor 28 Jahren gewusst hätte, wäre ich heute der Herrscher des Universums.

DER GEBLOCKTE BLOG

Letzte Woche wurde ich zum vierten Mal von meiner Tochter bei Facebook defriended. Drei Mal gelang es mir durch kalkuliertes Wohlverhalten, von ihr begnadigt zu werden. Sie nahm meine Freundschaftsanfragen wieder huldvoll an und wies mich darauf hin, dass ich in Zukunft mein Lästermaul halten müsse und die Konversation mit ihren Freunden nicht mehr durch unbotmäßige Kommentare zu stören hätte. Und am Mittwoch ist es dann passiert. Knappe Nachricht von Carla, dass ich endgültig raus sei, sie habe mich gewarnt, mehr als einmal und damit basta. Was war geschehen?

Ich muss zugeben, dass ich mich wieder nicht zurückhalten konnte. Ich postete einen Kommentar zu einer Diskussion, in der es um Spießigkeit ging. Carla und die anderen Pubertiere unterhielten sich darüber, welche Eltern besonders, nicht so sehr oder gar nicht spießig seien. Carla postete in diesem Zusammenhang, dass ihr Oller (ich!)

neuerdings Hausschuhe trage. Das sei ja wohl das Allerletzte. Achtzehn Heranwachsende taten per «Gefällt mir»-Button kund, dass sie derselben Meinung waren. Und dann schrieb ich leicht beleidigt eben auch was, dafür sind diese Kommentarfelder schließlich da. Ich schrieb: «Ihr seid doch selber alle kleine Spießer.» Tja. Und damit war mein Schicksal besiegelt.

Und ja: Ich trage Hausschuhe. Ich bin fünfundvierzig und habe kalte Füße. Früher war ich ein Erdkern, jetzt bin ich Ötzi, der tiefgekühlte Alpenopa. Wahrscheinlich lässt die Durchblutung nach. Der Verfall beginnt. Schrecklich. Und denken Sie ja nicht, dass ich stolz auf meine Puschen bin. Ich habe mich lange gegen ihre Anschaffung gewehrt. Sara suchte im Internet nach Modellen, die nicht ganz furchtbar aussehen und trotzdem die Quanten warm halten. Es vergeht kein Tag, ohne dass ich an mir heruntersehe und denke: Himmel Herrgott, wo bist du gelandet? Dann schlurfe ich in die Küche und erfreue mich an der wärmebedingten Beweglichkeit meiner Zehen.

Vielleicht bin ich halt ein Spießer. Aber wenigstens einer mit warmen Füßen. Die Frage ist doch: Sollte ich lieber ein Leben lang kalte Flossen ha-

ben, nur damit ich mir selber sagen kann: «Ich bin ästhetisch unbesiegbar»?

Für wen die Mühe? Sieht doch eh keiner.

Ich weiß, wahrscheinlich darf man sich nicht so gehenlassen. Karl Lagerfeld hat einmal gesagt: «Wer Jogginghosen trägt, hat die Kontrolle über sein Leben verloren.» Aber er ist auch nicht mehr der Jüngste und hat sicher öfter kalte Füße. Er trägt bestimmt warme Puschen. Und was dieser Fächerwilli darf, das darf ich schon lange.

Nachdem Carla mich entlassen hatte, schrieb ich ihr Mails. Ich jammerte, ich flehte, ich drohte und schickte schließlich zahllose SMS mit der Bitte um Wiederaufnahme, aber sie antwortete nur: «Nein, Papa.» So muss es sich anfühlen, wenn man von den Kindern in ein Altenheim im Hunsrück abgeschoben wird.

Kurz bevor sich das Facebook-Fenster meiner Tochter für mich schloss, sah ich noch ein Posting von ihr. Sie lud alle Freunde ein, ihren Blog zu lesen. Unser Pubertier schreibt einen Weblog. Um in dessen Genuss zu geraten, muss man ihr eine Nachricht schicken, dann sendet sie den Link zurück. Nur meinen Antrag lehnte sie ab. Sie schrieb mir aus ihrem Zimmer eine Mail, derzufolge ich mich gehackt legen könne und was ich eigentlich dauernd von ihr wolle. Das ist ganz einfach: Ich habe Angst, dass sie da etwas über mich erzählt. Also schrieb ich über Facebook ihre Freundinnen an und bat um den Link zu ihrem Blog. Sie antworteten, es sei ihnen strengstens untersagt, mich damit zu versorgen. Dann schickte mir Franzi (den Namen habe ich zu ihrem Schutz geändert) einfach kommentarlos den ersten Blogeintrag meiner Tochter. Da wurde mir einiges klar.

Carla schrieb: «Schön, dass Ihr da seid. Ich werde von heute an mit glamourösen Berichten Euer Leben verschönern. Natürlich weiß ich, dass das Internet keine Geheimloge ist. Irgendwie kommt immer alles raus. Nur einer darf diesen Blog auf keinen Fall lesen: mein Vater. Schließlich ist er die Hauptperson. Er und seine Hausschuhe. Hahaha! Er wird Euch um den Link zu dieser Seite anbetteln. Er wird Komplimente machen und sich womöglich als jemand anders ausgeben. Fallt nicht darauf herein, denn sonst: Schreibe ich nicht weiter.»

Kein Wunder, dass ihre Freunde dichthielten. Aber irgendwie komme ich schon an den Link. Und wenn ich Carla dafür meine Hausschuhe unter die Nase halten muss.

IM PUBERTIERLABOR 5:
DIE MÄNNERSACHE

Die vorerst letzte Folge meiner kleinen Serie mit
Erkenntnissen aus dem Pubertierlabor widmet sich
dem Umgang des weiblichen Pubertiers mit männlichen Vertretern der gleichen Spezies. Nach dem
endgültigen Abschuss von Moritz, der sich daraufhin hochgradig bezecht und würdelos auf einer
Party in der Kellerbar von Franzis Eltern erbrach,
hat es sich der Versuchsleiter zur Aufgabe gemacht,
die Begegnungen zwischen seinem Pubertier und
gleichaltrigen oder wenig älteren männlichen Pubertieren genauestens zu beobachten und aus-
zuwerten. In den vergangenen Monaten kam es
mehrfach zu Kontakten, teils in der Versuchsanordnung, teils im natürlichen Vormittags-Habit
der Pubertiere, der Schule. Von dort bringt das
Pubertier allerdings nur sehr knappe und wenig
aufschlussreiche Informationen über den Umgang
mit männlichen Vertretern seiner Art mit.

Ganz generell lässt es freiwillig wenig oder gar

nichts über sogenannte Jungs verlauten, erst recht nicht, wenn es Gefallen an einem Exemplar gefunden hat. Wenn es ein Männchen hingegen ablehnt, erfährt die Umgebung davon recht schnell und in deutlichen Worten. Der Versuchsleiter wurde bereits darüber in Kenntnis gesetzt, dass Jungen, die Fußball und Bushido gut finden, grundsätzlich das Letzte seien, totale Arschgranaten und Amateure. Der Versuchsleiter hat zumindest die eine Hälfte dieser Mitteilung zufrieden zur Kenntnis genommen. Und das mit dem Fußball, das wird sicher noch.

Das weibliche Versuchsobjekt ist mit Ansichten zu männlichen Pubertieren hingegen sofort überaus zurückhaltend, wenn diese gefallen. Das kommt ausgesprochen selten vor, und wenn, dann werden die wenigen positiv beurteilten Exemplare von ihr auffallend defensiv als «nett» bezeichnet und in die Versuchsanordnung eingeladen, was den Versuchsleiter sehr freut, weil es seine Recherchen deutlich vereinfacht.

Der Versuchsleiter ist aus wissenschaftlicher Neugier immer schneller an der Tür als das Pubertier, wenn es klingelt. Auf diese Weise kann er sich ein Bild von den Kandidaten machen, die allesamt bei ihm durchfallen. Der erste, Typ Flitzpiepe, ist nicht dazu in der Lage, auch nur «Hallo» zu sagen, und stampft wortlos in die Versuchsanordnung. Nummer zwei wird von dem Versuchsleiter für die blumenkohlöse Struktur seiner Gesichtshaut bedauert und schafft es unter starkem Schwitzen immerhin, dem Versuchsleiter die Hand zu geben und sich vorzustellen. Der dritte Besucher kommt mit dem eigenen Auto, was der Versuchsleiter ebenso argwöhnisch zur Kenntnis nimmt wie den sehr teuren Duft seines Rasierwassers. Dieser Kandidat ist genau genommen gar kein Pubertier, was der Versuchsleiter nach dessen Besuch in deutlichen Worten anspricht.

Der Versuchsleiter versucht daraufhin, dem Pubertier einen gewissen Achim schmackhaft zu machen, welcher nicht nur sehr gut in Latein ist, sondern auch Klarinette spielt und sich rührend um seine Fische kümmert. Das Pubertier entgegnet, Achim sei ein Vollhonk, und bevor es sich mit ihm treffe, kaufe es sich lieber eine Pistole und schieße sich damit in den Fuß. Der Versuchsleiter notiert in diesem Zusammenhang, dass fünfzehnjährige Mädchen praktisch alle Burschen ablehnen, die ihnen von Eltern angedient werden. Es scheint ein Naturgesetz zu sein, dass für sie nur Pubertiermännchen in Frage kommen, die der Versuchsleiter als Null, Trottel, Erbschleicher oder Streuselkuchengesicht vermerkt hat. Der Versuchsleiter greift daher zu einer List: Er bezeichnet einen Burschen, den er sehr gerne mag, dem Pubertier gegenüber als Bratwurst und Kellerkind und droht, ihn in Stücke zu reißen, wenn er ihn mit seiner Tochter an der Bushaltestelle erwische. Insgeheim hofft der Versuchsleiter, sein Pubertier auf diese Weise mit dem sehr angenehmen Max zu verkuppeln.

Doch dieser Versuch schlägt auf empörende Weise fehl. Bevor das Pubertier die Versuchsanordnung hinter sich schließt, sagt es noch müde: «Netter Versuch, Papa.»

Der Versuchsleiter überlegt bei einer Flasche Bier, das Labor zu schließen und sich fortan um seine eigenen Angelegenheiten zu kümmern. Wobei: Die Kindheit seiner Tochter ist doch seine Angelegenheit, oder etwa nicht?

YOLO MIT CARLA

«Warum ich? Warum?» Ich stand in der Küche und drehte mich im Kreis wie der tasmanische Teufel. Aber Sara war nicht zu erweichen. Sie fand einfach, dass ich auch mal dran sei. Ich behauptete, dass ich keine Zeit hätte, der ganze Terminkalender sei randvoll. «Du besitzt keinen Terminkalender», sagte Sara. «Ja, keinen aus Papier. Ich habe einen virtuellen Terminkalender. Im Kopf», quengelte ich. «Der ist leer», behauptete Sara. «Und du wirst sehen, es tut dir und Carla bestimmt gut, wenn ihr mal etwas miteinander unternehmt.» Kann schon sein. Das Problem daran ist nur: Carla kommuniziert in einer fremden Sprache. Es ist bei uns wie mit Klingonen und Romulanern. Aber Sara hatte recht. Ich war wirklich dran. Vorgestern fuhr ich also mit unserem Pubertier in die Stadt. Hosen kaufen.

Carla trägt sehr enge Modelle, in die man eingenäht werden muss. Ihre Hosenbeine sehen aus wie Elefantenrüsselfutterale. Also schlug ich ihr vor, in den Münchner Zoo zu gehen und dem Elefantenpfleger ein Elefantenrüsselfutteral abzukaufen. Aber Carla wollte nicht in den Zoo. Sie wollte zu Abercrombie & Fitch. Und zu Hollister, H&M, Zara und dann mal gucken. Sie saß neben mir im Auto und hielt ihre beste Freundin Franzi per WhatsApp auf dem Laufenden. Ich sah auf ihr Handy und las: «... mit meinem Vater. SWAG!»

Als Erstes gingen wir zu Zara. Carla navigierte durch das Geschäft wie ein Fuchs durch den Hühnerstall. Aber das Angebot sagte ihr nicht zu. Sie entschied sich gnädig für zwei T-Shirts und informierte Franzi darüber, dass Zara soeben ein «epic fail» gewesen sei. Bei H&M gab es praktisch denselben Kram, bloß auf Schwedisch. Carla schrieb: «Jetzt ein Smoothie mit Papa. YOLO.» Während sie einen Becher mit sauteurer Beerenpampe verputzte, googelte ich «swag», «epic fail» und «Yolo». Auf diese Weise erfuhr ich, dass sie erstens den Ausflug mit mir lässig fand und zweitens den Besuch bei Zara für einen schweren Fehler hielt. Und dass Yolo für «Du lebst nur einmal» steht.

Im nächsten Geschäft stand auf den Jeansetiketten: «Enthält nichttextile Teile tierischen

Ursprungs». Was damit wohl gemeint sein mag? Womöglich ist in den Hosen ein Schweineschnitzel eingenäht. Ich sah nach, entdeckte aber keines. Und außerdem fand Carla die Klamotten voll wack. Anschließend marschierten wir zu Hollister. Das ist eine amerikanische Marke, und die Klamotten sehen aus, als seien sie von Ricardo Tubbs und Sonny Crockett für eine Achtziger-Jahre-Grillparty in Pinneberg entworfen worden. Carla war auch nicht besonders begeistert, zumal ihr die Hosen deutlich zu weit geschnitten waren. Sie schrieb an Franzi: «Hollister = ROFL.»

Dann rüber zu Abercrombie & Fitch. Dabei handelt es sich um eine gut parfümierte Geisterbahn, in der man die Klamotten kaum sehen kann, weil es dort erstens duster ist wie in einem Elefantenpo und man zweitens ständig Touristen von der Schwäbischen Alb vor der Nase hat. Außerdem bekam ich nach gut vierzig Sekunden Kopfschmerzen von dem Gestank, mit dem sie ihre Kunden dort einnebeln, und wünschte mich erneut ins Elefantenhaus vom Münchner Zoo, wo es ähnlich riecht, wenn auch nicht ganz so süßlich. Die Wand an der Treppe war bedeckt von einem riesigen Gemälde. Es zeigte lauter Mario-Gomez-Verschnitte mit kantigen Köpfen und kantigen Bauchmuskeln. Das erinnerte mich sehr an die Abbildungen von Werktätigen im sozialistischen Realismus.

Carla zog etwa siebzehn Hosen an, während ich «wack» und «ROFL» googelte. Bei «wack» handelt es sich um einen Hip-Hop-Ausdruck für lahm, uncool und einfach richtig scheiße. «ROFL» ist die Chat-Abkürzung für «Ich kugele mich über den Boden vor Lachen». Das hätte ich auch gerne gemacht, aber dafür war der Laden zu voll. Schließlich hatte Carla etwas gefunden. Super Skinny Jeans. Soso. Ich kaufte zwei Stück, und wir fuhren nach Hause.

Spätabends schickte Carla mir eine SMS aus ihrem Bett. Darin stand: «Knubu Danke Papa Xo.» Ich googelte. Sie teilte mir mit, dass sie mich knuddelte, küsste und umarmte. Ich war gerührt und schickte ihr eine SMS zurück. Darin stand «EWESNMD». Sie simste sechs Fragezeichen zurück. Die Abkürzung kannte sie nicht. Also schickte ich noch mal die Langform: «Es war ein schöner Nachmittag mit dir.»

MIGRATIONSPLÄNE

Carla will weg. Ganz weit weg. Und ziemlich lange. Unser Pubertier denkt ans Auswandern. Erste Pläne dafür hegte sie bereits im Alter von vier Jahren, nachdem ich aus Versehen in ihre Barbie-Familienaufstellung getrampelt war. Bei der Gelegenheit schnappte sich unser damals noch junger Hund eine Blondine in Bermudas und haute damit ab. Als ich ihn einfing, hatte er ihr bereits das linke Bein bis zum Oberschenkel abgekaut. Barbie sah aus wie nach einem Haiunfall. Ich gab sie unserer Tochter zurück und schlug vor, der Puppe ein Abendkleid anzuziehen. Daraufhin packte das entsetzte Kind einen kleinen Koffer und kündigte an, uns zu verlassen. Carla ging aber nur bis zum Spielplatz, schaukelte eine Weile, aß eine Mandarine aus ihrem Proviant und kam wieder zurück. Das weiß ich so genau, weil ich sie heimlich verfolgt habe.

Wenn ich das bei ihren aktuellen Ausreiseplänen auch machen wollte, müsste ich ziemlich weit fahren, denn Carla zieht es für ein Jahr nach Amerika. Das hat sie uns bereits vor einigen Monaten mitgeteilt und sich selber darum gekümmert. Zwei Vertreter von auf Schüleraustausch-Programme spezialisierten Unternehmen saßen dann bei uns am Esstisch und brachten uns ihre Modelle von so einem Auslandsjahr näher. Am besten gefiel mir der Teil, wo die Dame von der einen Agentur sagte, man müsse amerikanischen Eltern grundsätzlich erst einmal gehorchen. Man könne hinterher diskutieren und auch Entscheidungen in Frage stellen. Aber nicht vorher. Ich sah zu unserem diskussionsfreudigen Pubertier hinüber und wie es heftig nickte. Ich dachte: Na, das kann ja heiter werden. Für die Amerikaner.

Schließlich entschieden wir uns für eine Gesellschaft, die im nächsten August zunächst einmal für drei Tage mit den Jugendlichen nach New York fährt, ganz unabhängig davon, wo es diese anschließend hin verschlägt. Was das endgültige Reiseziel innerhalb der Vereinigten Staaten angeht, hat Carla bereits konkrete Vorstellungen, die sie uns gestern beim Frühstück dezidiert mitteilte: Sie möchte nur nach San Francisco. Ihren Gastvater stellt sie sich als berühmten Architekten vor, der wahnsinnig coole Häuser baut und natürlich auch eines davon bewohnt. Eine richtige Familie hat der Mann zwar nicht, aber eine Freundin. Sie ist Asiatin, Mitte zwanzig, heißt Aneko und spielt Bass in einer total hippen Band.

Carla besucht natürlich tagsüber die Schule, in dem Punkt ist sie sehr entgegenkommend. Am frühen Abend wird zunächst Sushi gereicht, dann chattet sie über Skype mit zu Hause, damit sie die deutsche Sprache nicht verlernt. Das ist ja eine große Gefahr, wenn man so lange weg ist. Später geht sie mit Aneko in irgendwelche Clubs und lernt tolle Leute kennen, also James Franco und so.

An diesem Punkt musste ich einfach gegensteuern, denn unter solchen Umständen würde sie nie im Leben nach einem Jahr zu uns zurückkommen. Also sagte ich, dass es überhaupt nicht sicher sei, dass sie in Kalifornien lande. Es könne auch auf Kentucky oder North Carolina hinauslaufen. «Und da, meine liebe Carla, gehen die Uhren anders. Womöglich kommst du zu einer sehr netten, aber streng religiösen protestantischen Farmerfamilie. Mit acht Kindern zwischen drei und zwölf Jahren. Jeden morgen läufst du mit den sechs älteren Geschwistern die vier Meilen zur Schulbushaltestelle und singst dabei christliche Lieder. Nach der Schule erwarten dich der Nähkurs und ausführliches Backfischtum im nordamerikanischen Bibelgürtel. Sonntags geht es zur Abwechslung für fünf Stunden in die Kirche, ansonsten früh ins Bett, weil man zeitig aufsteht, wenn vor der Schule die Ziegen gemolken werden müssen. Internet gibt's natürlich nicht, schließlich ist die Gemeinde seit vierhundert Jahren ein funktionierendes soziales Netzwerk. Wer raucht, muss zwei Wochen lang in der Scheune essen, weil die Familie so enttäuscht ist. An Alkohol ist gar nicht zu denken. Aber jedes Jahr im Juli gibt es im Dorf ein großes Fest, und da fährt man dann hin. Dort schenken sie sogar Himbeerbowle aus. Alkoholfrei, aber mit Kohlensäure. Mann, ist das ein Spaß.»

Carla aß seelenruhig ihr Frühstücksei und sagte lächelnd: «Tja, Papa. Sie haben mir schon geschrieben, dass es Kalifornien wird.» Seitdem bin ich in Panik.

PUBERTIERNACHWUCHS

Manchmal sehe ich ein winziges Licht am Ende des Pubertätstunnels, in dem unsere Tochter wohnt. Carla hat sich zum Beispiel eigenen Beinchenschaum gekauft und lässt mein Rasierzeug in Ruhe. Sie hält sich manchmal an Verabredungen, und die Diskussionen mit ihr werden leiser. Immer seltener gerät sie in pubertäre Wallungen, die mir vorkommen, als spielte sie in einer Nachmittagssendung von RTL II.

Neulich polterte sie in mein Büro und wollte wissen, welcher Vollhorst ihr Lieblings-T-Shirt gewaschen habe. Ich antwortete zaghaft, das sei ich gewesen, weil ich dachte, dass sie womöglich gern etwas Saubereres anziehen wolle. Darauf ratterte sie, dass sie es JETZT brauche und nicht dann, wenn ich es getrocknet hätte. Ja, das macht sprachlos, aber es kommt immer seltener vor, was mich hoffnungsvoll stimmt – solange ich vergesse, dass wir auch noch einen Sohn haben.

«Männer werden sieben, danach wachsen sie nur noch», heißt es in einer Postkartenweisheit, der viele Frauen zustimmen würden. Und ja, zugegeben, es ist etwas Wahres daran. Im Grunde unterscheiden sich erwachsene Männer wenig von kleinen Jungs. Jürgen Klopp zum Beispiel benimmt sich am Spielfeldrand oft so, als würde er gleich seine Rassel auf den Rasen pfeffern. Und wer schon mal in das grenzenlos empörte Talkshow-Gesicht von Gregor Gysi geschaut hat, weiß, was ein Dreijähriger fühlt, den sie in der Krabbelgruppe nicht mitspielen lassen.

Trotzdem stimmt der Befund nicht ganz, denn im Rahmen der Pubertät finden doch einige Prozesse statt, die man mit sieben Jahren noch nicht kennt und später gern verleugnet: Haarwachstum an den falschen Stellen zum Beispiel, peinliches Eifersuchtsgezeter auf Pausenhöfen und schummriger Engtanz mit möglichst weit ausgestelltem Hinterteil, um nur mal drei der schlimmsten Prüfungen der Adoleszenz zu nennen.

Bei Carla scheinen die weitgehend absolviert zu sein, sie plant für die Zeit nach ihrem Amerika-Aufenthalt bereits ihren Auszug und ein studentisches Leben, welches ich freundlicherweise mit mehreren tausend Euro monatlich unterstützen möge. Und in dem Maße, wie Carla uns wegläuft, habe ich den vagen Eindruck, dass nun Nick beim Marathonlauf des Lebens in den Abschnitt einbiegt, wo die Pubertät ihn aus der Bahn zu werfen droht. Beispielsweise ändert sich sein Verhältnis zum anderen Geschlecht. Mädchen waren für ihn bis vor kurzem noch doof, uncool und vor allem mädchenhaft. Doch nun wurde uns zugetragen, er trete in der Schule charmant und überaus ritterlich auf, wenn es um Alina gehe. Er sitze mittags neben ihr, ohne etwas zu essen, nur um ihr Gesellschaft zu leisten, hieß es. Und dass er sie vor Nachstellungen anderer Jungs, hart geschossenen Bällen und Regentropfen beschütze. Und dies, obwohl Alina keinen Schutz braucht, weil sie ein ziemlicher Besen ist, genau wie ihre Mutter. Aber das muss er selbst rausfinden, da mische ich mich nicht ein.

Auch zu Hause bemerken wir eine gewisse Veränderung bei Nick. Er benutzt jetzt ein Deo. Er ist elf, er riecht noch nicht, jedenfalls nicht nach Schweiß. Aber er nebelt sich morgens mit einem Deospray ein, dass einem Hören und Sehen vergeht. Das Zeug riecht wie Siegfried und Roy in einer sächsischen Großraumdisco. Er hat auch ein

Duschgel von derselben Marke. Auf der Flasche ist eine mathematische Formel mit drei Piktogrammen abgebildet: Mann + Duschgel = Frau hoch 2. Das bedeutet entweder, dass man sich mit der Benutzung dieses Produkts die Geschlechtsumwandlung sparen kann oder dass man damit für Frauen um die zweifache Potenz attraktiver wird.

Nick setzt aber nicht nur auf olfaktorische Effekte. Er verlässt das Haus morgens in einer Körperhaltung, die ich so zuletzt bei Robert Mitchum in «El Dorado» gesehen habe. Ich denke, da kommt noch einiges auf uns zu, und ich möchte nichts davon verpassen. Apropos verpassen. Carla hat soeben angerufen und mitgeteilt, dass sie die S-Bahn verpasst habe und deswegen leider zu spät komme, weil sie erst Jonas nach Hause begleiten müsse, weil der zu viel Wodka Bull hatte, weil Vanessa mit ihm Schluss gemacht habe, und das müssten wir verstehen, auch wenn morgen Schule sei, und unser Pünktlichkeitswahn sei übel peinlich.

Ich kann nur hoffen, dass Carla komplett fertig ist, bevor es bei Nick richtig losgeht. Sonst stehe ich das hier nicht durch.

© Milla Weiler

JAN WEILER

Jan Weiler, 1967 in Düsseldorf geboren, ist Journalist und Schriftsteller. Er war Chefredakteur des *SZ-Magazins* und Kolumnist beim *Stern*. Sein erstes Buch «Maria, ihm schmeckt's nicht!» gilt als eines der erfolgreichsten Romandebüts der letzten Jahre. Es folgten: «Antonio im Wunderland» (2005), «Gibt es einen Fußballgott?» (2006), «In meinem kleinen Land» (2006), «Drachensaat» (2008), «Mein Leben als Mensch» (2009), «Das Buch der 39 Kostbarkeiten» (2011), «Mein neues Leben als Mensch» (2011) und «Berichte aus dem Christstollen» (2013) sowie zwei Kinderbücher: «Hier kommt Max!» (2009) und «Max im Schnee» (2010). Zusammen mit Daniel Speck schrieb er das Drehbuch für die Verfilmung von «Maria, ihm schmeckt's nicht!». Jan Weiler verfasst zudem Hörspiele und Hörbücher, die er auch selber spricht. Er lebt mit seiner Frau und seinen zwei Kindern in der Nähe von München. Seine Kolumnen erscheinen in der *Welt am Sonntag* und auf seiner Homepage www.janweiler.de.

TILL HAFENBRAK

© Nico Westermann

Till Hafenbrak schloss 2009 sein Studium der Visuellen Kommunikation an der Universität der Künste Berlin ab. Seither arbeitet er als selbständiger Illustrator in Berlin. 2012 wurde er an der Universität der Künste Berlin zum Meisterschüler ernannt. Zusammen mit Ana Albero und Paul Paetzel gründete er 2008 die Edition Biografiktion. Unter diesem Namen veröffentlichen die drei Zeichner eigene Comicgeschichten und Illustrationen. Till Hafenbrak arbeitete bereits für internationale Magazine und Zeitungen wie zum Beispiel das *SZ-Magazin*, *Le Magazine du Monde* und *The New York Times*. Mehr Informationen und Bilder gibt es auf www.hafenbrak.com.

Vielen Dank an Milla und Tim
sowie an all die inspirierenden Pubertiere
um sie herum.